LA RED INVISIBLE

"Desentrañando las Jerarquías Silenciosas "
DE SILVIO DELL'OGLIO

La Red Invisible

Silvio Dell'Oglio

Published by Antoni Danna, 2024.

LA RED INVISIBLE

First edition. December 30, 2024.

ISBN: 979-8227731241

Written by Silvio Dell'Oglio.

Tabla de Contenido

INDICE..1
PROLOGO 2

Para un mundo libre de jerarquías y poder. Viva la libertad
para todos.

INDICE

1. Las jerarquías invisibles

2. La construcción de las jerarquías

3. La jerarquía de la historia

4. El silencio de los poderosos

5. La trampa del progreso y el poder de la narrativa

6. La máscara de la igualdad

7. La trampa del progreso

8. El peso de las tradiciones

9. Más allá del racismo, las castas como sistema de control

10. El espejo roto de la identidad

11. El costo de la invisibilidad

12. La geografía del desdén

13. La estructura silenciosa

14. El manto invisible del poder

15. El precio de la invisibilidad

16. La fragilidad de la jerarquía

17. El desmantelamiento de las jerarquías: Estrategias para el cambio

18. La lucha invisible: Resistiendo el sistema de castas

19. El futuro de la justicia social: Un llamado a la acción

20. La educación como herramienta de transformación

21. Reescribiendo el futuro:

22. Conexión invisible: Un mundo interrelacionado

23. El rol de la empatía en la justicia social

24. El futuro de la justicia social: Un llamado a la acción

25. Epílogo

PROLOGO

El mundo en el que vivimos está marcado por una red invisible de divisiones. No son las fronteras geográficas las que nos separan, ni las ideologías o las creencias. Son las jerarquías tácitas que, sin que las percibamos, dictan cómo nos relacionamos, cómo nos tratamos y, lo más importante, cómo nos vemos a nosotros mismos. Estas divisiones no son accidentales ni naturales. Son construcciones humanas que han sido forjadas a lo largo de la historia y que continúan operando bajo la superficie de nuestras sociedades, sin que nos demos cuenta de su alcance o su poder.

Algunas de estas divisiones son obvias: las diferencias de raza, clase, género o nacionalidad. Otras son más sutiles, pero igualmente devastadoras: la manera en que ciertos cuerpos, ciertas voces y ciertos orígenes son sistemáticamente relegados a los márgenes de la sociedad. Estas jerarquías invisibles no son solo una cuestión de prejuicio individual; son la columna vertebral de las estructuras sociales, económicas y políticas que gobiernan el mundo. Y, a pesar de que muchas veces no las vemos, estas divisiones definen nuestras vidas más de lo que imaginamos.

A lo largo de este libro, nos proponemos desentrañar estas divisiones invisibles, explorando cómo se han formado, cómo se perpetúan y, lo más importante, cómo podemos desmantelarlas. No se trata solo de hablar de racismo o de discriminación; se trata de ir más allá, de examinar un sistema más profundo y arraigado: el sistema de castas global que divide a la humanidad en categorías jerárquicas, sin que nadie se atreva a cuestionar su legitimidad.

El propósito de este libro no es solo señalar las injusticias que vemos, sino invitarnos a ver lo invisible. Porque, aunque estas jerarquías parecen inquebrantables, hay una verdad fundamental que se oculta en su interior: lo que se ha construido puede ser deshecho. La transformación de estas estructuras no es solo posible, sino necesaria. Y el primer paso hacia ese cambio es reconocer las redes invisibles que las mantienen vivas.

Este libro se sumerge en la historia invisible que ha formado las estructuras de poder, opresión y división que aún perduran en la sociedad moderna. Desde el sistema de castas en la India hasta las jerarquías raciales impuestas por la esclavitud en Estados Unidos y el régimen nazi, exploramos cómo la deshumanización se ha convertido en un mecanismo clave para mantener la desigualdad y la opresión.

La casta no es simplemente un sistema social; es una construcción compleja, sostenida por prácticas que definen a las personas no solo por lo que son, sino por lo que no pueden ser. A través de la endogamia, se crean muros invisibles que separan a las personas, bloqueando cualquier intento de fusión entre clases y condenando a aquellos en los niveles más bajos a una vida de sufrimiento y privación. La historia ha sido escrita por los poderosos, pero también ha sido testigo de una resistencia silenciosa, una lucha por la dignidad humana que ha perdurado a lo largo de los siglos.

Este libro es una reflexión sobre las fuerzas invisibles que han moldeado el mundo en el que vivimos, un mundo donde las divisiones de casta, raza y clase siguen siendo más relevantes que nunca. A través de este viaje, exploramos las formas en que las personas han sido despojadas de su humanidad, no solo en el pasado, sino en el presente. Al final, este es un llamado a la acción, una invitación a replantear nuestras propias creencias y sistemas de poder para crear un futuro más justo y empático.

Capítulo 1: La jerarquías invisibles

En todas las sociedades, hay una estructura tácita, una red invisible que guía el curso de nuestras vidas. Aunque no siempre la vemos, esta red nos define. No se trata solo de las diferencias evidentes entre ricos y pobres, entre hombres y mujeres, o entre diferentes razas y etnias. Estas divisiones son solo la punta del iceberg. La verdadera jerarquía que subyace en todo esto está construida sobre un sistema más profundo y mucho más sutil. Las jerarquías invisibles que controlan el acceso al poder, a los recursos, y, más importante aún, a la dignidad humana, son las que realmente marcan nuestras vidas.

Es un sistema que se alimenta de la exclusión, que divide a las personas no solo por lo que son, sino por lo que el sistema decide que deben ser. Las clases sociales, los géneros, las razas, las nacionalidades, son categorías que han sido diseñadas, moldeadas y reforzadas durante siglos para mantener el poder en manos de unos pocos. No son accidentales, ni naturales, ni producto de una evolución espontánea. Son construcciones históricas que, a pesar de sus aparentes transformaciones, siguen operando con la misma fuerza y efectividad que cuando fueron establecidas por primera vez. En muchas culturas, la idea de la jerarquía social se ha disfrazado de algo legítimo, casi natural. Nos han enseñado que estas divisiones son inevitables, que nacen con nosotros, que son parte de nuestra humanidad. Pero lo que realmente subyace en esta creencia es el poder de unos pocos para imponer su visión del mundo, para moldear lo que consideramos "normal" y para hacernos creer que lo que tenemos es lo que nos corresponde. No es que la raza o la clase sean lo que nos define; es el sistema que decide cómo nos miramos los unos a los otros, y cómo esos sistemas de poder se perpetúan sin que cuestionemos su legitimidad.

Tomemos, por ejemplo, las sociedades que hemos llegado a considerar "avanzadas". En muchos países desarrollados, las divisiones sociales no se ven con la misma crudeza que en otras partes del mundo, pero siguen existiendo. A menudo, esas jerarquías se ocultan bajo una capa de progresismo y modernidad, haciendo que sea más difícil identificarlas. Pero si rascamos un poco más allá de la superficie, veremos que las mismas dinámicas de poder siguen presentes: las oportunidades se distribuyen de manera desigual, el acceso a la riqueza y el poder sigue estando en manos de los mismos, y los más vulnerables continúan siendo relegados a las márgenes de la sociedad.

El sistema de castas no es solo un vestigio de sociedades antiguas como la India, ni una reliquia de la esclavitud estadounidense. No se limita a los rincones del mundo que todavía luchan con el colonialismo o el racismo institucionalizado. Este sistema de castas es global, y se manifiesta de manera diferente en cada país, pero siempre con la misma base: el control de unos sobre otros. No importa si estamos en las ciudades más ricas de Occidente o en los barrios marginales de África, el principio es el mismo: el sistema que nos divide sigue funcionando de la misma manera.

A lo largo de la historia, estas jerarquías se han basado en la exclusión. Se nos ha enseñado a aceptar que algunos están destinados a gobernar, mientras que otros están destinados a servir. Esta lógica no es nueva, y aunque se ha transformado en formas más sofisticadas a medida que avanzamos como sociedad, la esencia permanece intacta. Nos han dicho que esas diferencias son parte de la naturaleza humana, pero la realidad es que son construcciones creadas para justificar el control, el dominio y la desigualdad.

El racismo, el clasismo, el sexismo: son solo manifestaciones visibles de una jerarquía mucho más profunda que controla las estructuras de poder globales. Son sistemas que nos dividen no solo a nivel social, sino que nos definen a nivel personal, afectando nuestra autoestima, nuestras relaciones y nuestras oportunidades. Pero estos sistemas no son invencibles. El cambio comienza cuando somos capaces de verlos, cuan

do comenzamos a cuestionar lo que antes parecía una verdad incuestionable.

Este libro no busca solo exponer estas injusticias. Más que nada, busca desmantelar las jerarquías invisibles que las sostienen. Si somos capaces de ver estas estructuras por lo que realmente son —construcciones humanas diseñadas para mantener el poder en manos de unos pocos— podremos empezar a imaginar un mundo diferente. Un mundo donde la división no sea la norma, sino la excepción. Un mundo donde la igualdad no sea un ideal distante, sino una realidad tangible.

Para llegar a este punto, es necesario ver lo invisible. La primera tarea es reconocer que esas divisiones que nos parecen naturales, que nos parecen parte de nuestro tejido social, en realidad son construcciones diseñadas para perpetuar el poder y la desigualdad. Solo cuando veamos esas estructuras y entendamos cómo operan podremos empezar a cambiar las reglas del juego.

Capitulo 2: La Construccion de las Jeraquia

Las jerarquías no son accidentes de la historia; son su tejido mismo. Desde el inicio de las civilizaciones, el control sobre el acceso a los recursos ha sido una de las fuerzas más poderosas que ha moldeado la vida humana. Estas estructuras, a menudo invisibles, han funcionado como muros invisibles, separando a las personas no solo por lo que tienen, sino por lo que se les permite ser. La forma en que estas divisiones se presentan en la sociedad ha cambiado, pero la base sigue siendo la misma: unas pocas manos controlan el destino de todos.

La historia está llena de momentos en los que las élites, sean reyes, emperadores, o incluso corporaciones multinacionales, han delineado y reforzado estos sistemas de división. La cuestión no es solo qué diferencias existen, sino cómo se perpetúan. A través de siglos de dominación, las jerarquías se han cimentado en la conciencia colectiva de los pueblos, hasta que se han vuelto tan naturales que ni siquiera las cuestionamos. Las clases sociales, las etnias, las religiones, las culturas, todos se han entrelazado en una red de significados que se ha vuelto tan intrínseca a nuestra forma de vivir que ni siquiera la educación o el progreso parecen capaces de desmantelarla.

El mundo moderno se presenta como un lugar de oportunidades. Se nos ha dicho que vivimos en sociedades donde todos tienen una oportunidad, donde el mérito, y no el nacimiento o la casta, determina el destino. Pero si observamos de cerca, vemos que esta narrativa oculta una verdad incómoda. Las mismas jerarquías que han existido durante siglos siguen operando, solo que ahora bajo nuevas máscaras. La riqueza y el poder se distribuyen de manera desigual, y aquellos que están en la parte inferior de la pirámide rara vez tienen las mismas oportunidades que aquellos que están en la cima.

Las diferencias entre las clases sociales son cada vez más evidentes. Las élites globales tienen acceso a educación de calidad, a atención médica avanzada, a redes de contactos que les permiten moverse libremente por el mundo, mientras que los que están abajo, los que pertenecen a las clases bajas o a las minorías, enfrentan barreras casi insuperables para acceder a lo mismo. Esta es la cara moderna de las jerarquías, que no son tan obvias como las de antaño, pero que siguen existiendo de manera igualmente efectiva.

Los sistemas que refuerzan estas jerarquías se han hecho cada vez más complejos, más sofisticados, más difíciles de ver. En lugar de ser marcadas por diferencias visibles como la raza o el género, estas jerarquías se disimulan en las estructuras económicas, en las leyes, en las políticas. El racismo ya no se expresa solo en la segregación de espacios o en los discursos de odio. Hoy en día, el racismo se encuentra en la manera en que las oportunidades son distribuidas, en cómo se aplican las leyes, en cómo se gestionan los recursos.

Pero la invisibilidad de estas jerarquías no las hace menos dañinas. Al contrario, la falta de visibilidad hace que sea más difícil para la gente reconocerlas y, por lo tanto, cuestionarlas. Nos hemos acostumbrado tanto a las desigualdades que ya no las vemos como una violación de la justicia, sino como una parte inevitable del mundo en el que vivimos. Es más fácil pensar que las desigualdades son simplemente el resultado de la naturaleza humana o de la competencia económica que verlas como el resultado de un sistema creado y mantenido por el poder.

Es aquí donde el verdadero desafío radica: la resistencia no es solo una cuestión de luchas visibles, de movimientos en las calles, de discursos políticos. La resistencia comienza en el momento en que decidimos ver lo invisible. El primer paso hacia el cambio es entender que estas jerarquías no son naturales, no son parte del orden divino, no son algo que no se pueda alterar. Son construcciones sociales, creadas por los poderosos para garantizar que el poder siga concentrado en sus manos.

El sistema de castas no es solo un fenómeno del pasado. Es un fenómeno que se adapta, se reinventa, se disfraza de muchas formas, pero sigue existiendo.

A lo largo de la historia, las personas han luchado por liberarse de estos sistemas. Y a pesar de los avances, a pesar de los movimientos de derechos civiles, a pesar de la aparente apertura de muchas sociedades modernas, el sistema sigue ahí, siempre mutando, siempre ajustándose para mantener el statu quo.

Hoy en día, las jerarquías invisibles se encuentran en la educación, en el empleo, en la política, en el acceso a la justicia. Son las pequeñas y grandes decisiones que se toman todos los días, las que determinan quién tiene una oportunidad y quién no. Estas decisiones no siempre son conscientes, pero son las que perpetúan las desigualdades. El poder no siempre se ejerce de manera abierta o violenta, pero su impacto es igualmente devastador.

En la lucha por la igualdad, es fundamental entender que la verdadera batalla no es solo contra los síntomas de la desigualdad, como la pobreza o la discriminación racial. La verdadera batalla es contra el sistema que crea y mantiene esas desigualdades. Solo cuando desmantelamos las estructuras de poder que las sostienen, podremos comenzar a imaginar un mundo en el que todos tengan las mismas oportunidades, en el que la dignidad humana no dependa de la clase, la raza o el género.

Este libro no solo busca hacer visible lo invisible. Busca entender cómo este sistema funciona, cómo opera en el día a día, y cómo podemos empezar a desmontarlo. Porque mientras sigamos aceptando que las jerarquías son parte del orden natural de las cosas, estaremos perpetuando un ciclo de desigualdad que ha durado demasiado tiempo.

Capítulo 3: La Jerarquía de la Historia

En cada rincón del mundo, a lo largo de los siglos, la humanidad ha encontrado formas de dividirse, de trazar líneas invisibles que separan a unos de otros. Estas divisiones, aunque adoptan diferentes nombres y formas, comparten una esencia inquietante: la necesidad de establecer jerarquías que determinan quién merece respeto, quién es digno de oportunidades y quién, simplemente, debe aceptar su lugar en los márgenes de la sociedad.

En la antigua India, estas líneas se trazaron con una precisión escalofriante. El sistema de castas, codificado en los textos védicos, clasificaba a las personas no solo por su función en la sociedad, sino por su pureza espiritual, o al menos eso se les hizo creer. Los brahmanes, sacerdotes y guardianes de lo divino, ocupaban la cúspide de esta pirámide, mientras que los shudras, los trabajadores, eran relegados al peldaño más bajo. Por debajo de ellos, en un abismo social, estaban los intocables, los dalits, aquellos a quienes incluso mirar era considerado una transgresión. Este sistema, que prometía orden, solo entregaba opresión. Y lo más perverso de todo era cómo lograba perpetuarse: no a través de la fuerza bruta, sino mediante la internalización de la desigualdad como un designio divino.

Mientras tanto, a miles de kilómetros de distancia, en el continente americano, se gestaba otro tipo de jerarquía. Con la llegada de los colonizadores europeos, las divisiones sociales no se basaron en textos religiosos, sino en el color de la piel. En el Virreinato de Nueva España, surgió un sistema de castas que clasificaba a las personas según su mezcla racial. Indígenas, africanos y europeos eran categorizados y etiquetados, y esas etiquetas definían sus derechos, sus oportunidades y su lugar en la sociedad. Esta estructura no era menos opresiva que la de la India, pero tenía un rostro diferente, uno que se justificaba no con los dioses, sino con la pseudociencia y la economía.

Al otro lado del Atlántico, en Europa, las jerarquías adoptaban aún otra forma. Durante la Edad Media, la nobleza y el clero se posicionaron por encima de los campesinos, creando un sistema feudal que prometía protección a cambio de servidumbre. Aunque este modelo se erosionó con el tiempo, dio paso a nuevas formas de desigualdad. En la era industrial, las divisiones ya no eran entre señores y siervos, sino entre capitalistas y proletarios. La lucha por el poder económico reemplazó las antiguas justificaciones religiosas, pero el resultado fue el mismo: una sociedad dividida, donde unos pocos prosperaban a expensas de la mayoría.

Sin embargo, más allá de las diferencias superficiales, estas jerarquías comparten un núcleo común. En cada caso, las divisiones no solo se imponen desde arriba; se interiorizan, se normalizan, se aceptan como el orden natural de las cosas. La religión, la raza, la clase económica: todas han sido herramientas para justificar lo injustificable, para convencer a las víctimas de su propia inferioridad.

A medida que avanzamos en este análisis, se hace evidente que estas jerarquías no son reliquias del pasado. Aunque los nombres y las formas han cambiado, las líneas invisibles siguen allí, trazando quién tiene acceso al poder, a los recursos y al respeto. Hoy, el sistema de castas de la India puede parecer un anacronismo, pero ¿es tan diferente del racismo institucional en los Estados Unidos o de las divisiones de clase en América Latina?

Este capítulo no busca ofrecer respuestas definitivas, sino plantear una pregunta fundamental: ¿qué nos dice la historia sobre nuestra capacidad para trascender estas divisiones? Porque si algo nos enseña el pasado, es que las jerarquías no son inevitables. Son construcciones humanas, y lo que se construye puede, eventualmente, desmoronarse.

Capítulo 4: El Silencio de los Poderosos

El poder no siempre grita. En muchos casos, el poder se manifiesta en el silencio, en la ausencia de palabras, en la falta de acción. El verdadero poder radica en lo que no se dice, en lo que no se hace, en la forma en que las estructuras sociales, políticas y económicas están diseñadas para mantener el statu quo. El silencio de los poderosos no es la falta de expresión, sino la capacidad de mantenerse fuera de la vista, de no tener que justificar su posición ni su control sobre el destino de millones.

Cuando observamos a las élites globales, a los que controlan los recursos, las instituciones, las leyes, es fácil pensar que el poder se encuentra en las grandes decisiones, en los discursos públicos, en las leyes que rigen nuestras vidas. Pero lo que no vemos, lo que nos es invisible, es el modo en que el poder opera de manera subyacente, silenciosa, en las interacciones cotidianas, en los sistemas que nos rodean, en los mecanismos que nos han sido enseñados a aceptar como naturales.

El poder no se muestra solo en las altas esferas de la política o la economía. Está presente en la manera en que se organiza la sociedad, en cómo se distribuyen las oportunidades, en cómo se determina quién tiene derecho a lo que. Las decisiones sobre quién vive en qué vecindad, quién puede acceder a qué educación, quién puede acceder a la salud, quién tiene el derecho a ser escuchado, todas son decisiones que reflejan un sistema de poder que opera de manera invisible.

En muchas partes del mundo, la pobreza, la desigualdad y la discriminación no son solo el resultado de malas decisiones, de fallos individuales o de crisis temporales. Son el resultado de un sistema profundamente arraigado que ha sido diseñado para beneficiar a unos pocos y para mantener a la mayoría en una posición de subordinación. Este sistema no siempre es visible, no siempre es explícito, pero está presente en cada una de las estructuras sociales que dan forma a nuestras vidas.

El racismo, la xenofobia, la misoginia, la homofobia, todas estas son manifestaciones de un sistema más grande de jerarquías sociales que funcionan para dividir, controlar y dominar. Pero no son los únicos factores. La estructura de poder también está determinada por la economía, por la forma en que el acceso a los recursos se distribuye, por la manera en que el capital fluye y se acumula. Las élites no solo controlan el dinero, controlan la narrativa, controlan las leyes, controlan las oportunidades, controlan lo que se ve y lo que no se ve.

Este silencio, esta invisibilidad del poder, es una de las formas más eficaces de mantener las jerarquías intactas. La falta de visibilidad no solo impide que los más vulnerables puedan ver cómo funciona el sistema, sino que también hace que aquellos que se benefician de él se sientan justificados, incluso inconscientes de su posición. Los poderosos no necesitan gritar su superioridad; el sistema está diseñado para que su posición se dé por sentada, para que no sea cuestionada.

La invisibilidad de estas estructuras de poder es lo que las hace tan difíciles de desafiar. No es que las personas no vean las desigualdades, es que no pueden identificar la raíz de esas desigualdades, no pueden ver las fuerzas que las mantienen en pie. El racismo, la pobreza, la exclusión, la violencia, no son solo efectos de la maldad humana. Son el resultado de un sistema de poder que ha sido diseñado para reproducir estas desigualdades una y otra vez.

Los movimientos sociales, los activistas, las luchas por los derechos civiles, han sido esenciales para visibilizar estas injusticias, para hacer que las voces de los oprimidos sean escuchadas. Pero aún con estos avances, el sistema sigue intacto. Las leyes pueden cambiar, las políticas pueden modificarse, pero las jerarquías sociales siguen operando de manera subyacente. Mientras que el sistema siga existiendo en las sombras, mientras que el poder siga operando en silencio, las desigualdades seguirán siendo parte de nuestra realidad.

Es necesario entender que la lucha por la igualdad no es solo una cuestión de hacer visible la injusticia, sino también de comprender cómo funciona el poder, cómo se construyen y mantienen estas jerarquías. La resistencia no solo debe centrarse en las víctimas, sino también en los que perpetúan el sistema, en los que mantienen el control. Si no entendemos cómo funciona este poder, no podremos cambiarlo.

En este libro, no buscamos simplemente señalar las desigualdades o denunciar la opresión. Buscamos entender cómo el poder, en su forma más sutil, se infiltra en nuestras vidas, en nuestras relaciones, en nuestras instituciones, y cómo, al reconocerlo, podemos empezar a desmantelar las estructuras que lo mantienen. Solo cuando podamos ver lo invisible, cuando podamos entender cómo se construyen y se perpetúan estas jerarquías, podremos comenzar a imaginar un mundo donde la igualdad no sea solo un ideal, sino una realidad tangible.

Capítulo 5: La Trampa del Progreso y el Poder de la Narrativa

La noción de progreso, de avance hacia una sociedad más justa, más equitativa, se ha convertido en uno de los pilares fundamentales de la narrativa moderna. Nos han enseñado que la historia es un proceso lineal, que vamos hacia un futuro mejor, que las sociedades evolucionan, y que la opresión es una fase que eventualmente quedará atrás. Sin embargo, esta idea de progreso, tan comúnmente aceptada, oculta una verdad incómoda: el progreso no siempre es para todos. En muchos casos, lo que consideramos progreso es simplemente una reconfiguración de las mismas estructuras de poder que han existido por siglos.

El progreso no es una marcha hacia la igualdad. Es una marcha hacia un modelo de desigualdad más sofisticado, más insidioso, que se presenta bajo la apariencia de desarrollo. Lo que llamamos "progreso" ha sido, en muchos casos, una manera de consolidar el poder de unos pocos mientras se disfraza como una mejora para las masas. El capitalismo, el desarrollo tecnológico, las democracias modernas, todos estos avances han sido, en muchos casos, mecanismos que permiten la perpetuación de un sistema de jerarquías, solo que ahora esas jerarquías son menos visibles, menos evidentes.

Tomemos el ejemplo de la tecnología. Hoy en día, vivimos en un mundo interconectado, donde la información fluye libremente, donde las personas tienen acceso a una cantidad impresionante de datos, y donde la tecnología ha sido presentada como una fuerza democratizadora, una herramienta que puede mejorar la vida de todos. Sin embargo, detrás de este avance tecnológico se esconde una verdad perturbadora: la tecnología ha sido, y sigue siendo, un vehículo para consolidar el poder en manos de unos pocos. Las grandes corporaciones tecnológicas, que controlan la información, los datos y la infraestructura digital, no están diseñadas para democratizar el acceso a la tecnología, sino para consolidar el poder económico y político de sus dueños.

La digitalización, lejos de ser una herramienta para la igualdad, ha profundizado las desigualdades preexistentes. Las brechas de acceso, la explotación de los datos personales, la creación de algoritmos que refuerzan prejuicios y discriminación, son solo algunos ejemplos de cómo la tecnología, lejos de ser una fuerza neutral, se convierte en una extensión del mismo sistema de poder que siempre ha existido.

Lo mismo ocurre con la democracia. Nos han enseñado que la democracia es la forma más avanzada de gobierno, un sistema que garantiza la participación de todos y que permite que las personas tengan voz en el destino de su país. Pero, ¿es realmente así? En muchas democracias modernas, el voto ha sido reducido a un acto simbólico, una forma de legitimar un sistema que en realidad está controlado por intereses económicos, corporativos y políticos que no responden a las necesidades del pueblo. Las elecciones se han convertido en una lucha por el control del poder, y no en una verdadera manifestación de la voluntad popular.

A lo largo de la historia, las revoluciones, los movimientos sociales, los avances en los derechos civiles, todos han sido presentados como victorias del progreso. Sin embargo, cuando miramos más de cerca, vemos que lo que realmente ha ocurrido es una reconfiguración de las estructuras de poder. En lugar de eliminar las jerarquías, el progreso ha permitido que estas jerarquías se adapten, se transformen y sigan funcionando de maneras más invisibles, más sofisticadas.

Es en este punto donde la narrativa del progreso se convierte en una trampa. Nos dicen que estamos avanzando, que estamos mejorando, que estamos acercándonos a un futuro más justo. Pero lo que realmente está ocurriendo es que las élites, las que siempre han tenido el poder, han aprendido a mantener ese poder bajo nuevas formas, bajo nuevos disfraces. Nos venden la ilusión de que estamos avanzando, pero en realidad estamos siendo manejados, manipulados, sin siquiera darnos cuenta.

Por eso, es fundamental cuestionar la noción misma de progreso. No podemos seguir aceptando que las mejoras en la tecnología, la economía o la política son sinónimo de justicia. Debemos aprender a ver más allá de las apariencias, a identificar las estructuras invisibles de poder que siguen operando, aunque se nos diga que hemos alcanzado un nivel superior de igualdad. La verdadera lucha por la justicia no es solo una cuestión de cambios superficiales o de reformas que nos den la apariencia de progreso. La verdadera lucha es una lucha contra las estructuras que perpetúan la desigualdad, que se disfrazan de progreso y que siguen siendo invisibles para la mayoría.

El verdadero progreso solo se logra cuando entendemos que las jerarquías no desaparecen por sí solas, sino que deben ser desmanteladas activamente. Cuando entendemos que el poder no solo se ve en los grandes gestos, en las decisiones visibles, sino en los sistemas invisibles que dan forma a nuestra vida diaria. Solo cuando logremos desmantelar estas estructuras invisibles, solo cuando logremos entender que el progreso no es un destino, sino un proceso constante de cuestionamiento y lucha, podremos acercarnos a un futuro más justo.

El poder de la narrativa ha sido una herramienta tanto para construir sociedades como para perpetuar su fragmentación. Desde los albores de la civilización, las historias han dado forma a la manera en que entendemos el mundo y nuestra posición dentro de él. En muchas culturas, los relatos se convierten en un mecanismo de control que legitima jerarquías y desigualdades. En la India antigua, por ejemplo, los textos védicos no solo estructuraron el sistema de castas, sino que lo consagraron como un mandato divino. No era simplemente una organización social; era la voluntad de los dioses, un dogma inapelable que dictaba el destino de millones. Esta narrativa penetró en la psique colectiva, convenciendo tanto a los oprimidos como a los opresores de que su lugar en la sociedad era natural e inamovible.

En Occidente, las narrativas coloniales desempeñaron un papel similar. A través de historias que exaltaban la superioridad de la raza blanca y la civilización europea, se justificaron siglos de esclavitud, genocidio y explotación. Los conquistadores no solo dominaban territorios; reescribían las historias de los pueblos que sometían, borrando su humanidad y reduciéndolos a estereotipos que justificaban su opresión. Estas narrativas no eran inofensivas. Se transformaron en políticas, leyes y estructuras económicas que moldearon el mundo moderno.

En América Latina, la narrativa del mestizaje, aunque presentada como un ideal de integración, ocultaba profundas jerarquías raciales. Ser blanco era el estándar aspiracional, mientras que las raíces indígenas y africanas eran marginadas. Este relato, disfrazado de armonía, perpetuaba la desigualdad bajo la apariencia de inclusión. La narrativa no solo influía en la percepción colectiva; moldeaba las aspiraciones individuales, atrapando a generaciones en un ciclo de negación de sus propias identidades.

Sin embargo, las narrativas no son estáticas. Tienen el poder de evolucionar, de ser desafiadas y reescritas. Reescribir estas historias no es un acto de simple corrección histórica; es un acto de justicia. Cambiar la narrativa significa transformar las bases sobre las que se construyen las sociedades, reemplazando los símbolos de odio y exclusión por relatos de amor, compasión y solidaridad.

Capítulo 6: La Máscara de la Igualdad

Vivimos en una época donde la palabra "igualdad" está omnipresente, donde el concepto de ser iguales ante la ley, ante las oportunidades, ante la vida, parece haber alcanzado su ápice. Pero en el fondo, esa igualdad parece una máscara, una fachada diseñada para ocultar las desigualdades estructurales que siguen profundamente enraizadas en nuestra sociedad.

La igualdad no es simplemente una cuestión de tener las mismas leyes para todos. Tampoco es suficiente con que todas las personas tengan la misma capacidad formal de acceder a la educación, al empleo, a la vivienda. La verdadera igualdad solo se alcanza cuando se desmantelan las barreras invisibles que condicionan esas mismas oportunidades. La igualdad no es una cuestión de "tienes el mismo acceso", sino de "tienes las mismas posibilidades de éxito". Porque en una sociedad estructurada de manera desigual, tener acceso a algo no garantiza que las circunstancias, el entorno o los recursos sean los mismos para todos.

Por ejemplo, las políticas de diversidad e inclusión que se promueven en muchos espacios laborales, académicos y políticos, aunque bien intencionadas, a menudo se quedan en lo superficial. Es cierto que las mujeres, las personas de color, las comunidades indígenas y otros grupos históricamente marginados han ganado visibilidad y acceso a ciertos espacios. Sin embargo, esto no ha significado que se hayan eliminado las estructuras que perpetúan las disparidades. En lugar de una igualdad real, se ha creado una apariencia de inclusión que, al final, no cambia la jerarquía subyacente.

Pensemos en los procesos de contratación, por ejemplo. Aunque las empresas puedan estar más dispuestas a contratar a personas de diferentes orígenes, muchas veces los mismos sistemas de clasificación y evaluación continúan favoreciendo a quienes tienen los recursos para acceder a mejores universidades, a quienes pueden permitirse estancias internacionales o experiencias laborales que dan forma a sus currículos.

Así, el proceso de inclusión sigue siendo desigual, y la igualdad de oportunidades se convierte en un espejismo.

La igualdad que nos venden está moldeada por una idea que nunca se ha cuestionado: que todos partimos del mismo lugar. Pero no es cierto. No partimos de las mismas condiciones. Y la verdadera igualdad no se logra solo cuando todos pueden tener el mismo acceso, sino cuando esos accesos son acompañados por los mismos recursos y la misma calidad. La igualdad es, en su núcleo, una cuestión de condiciones materiales, no solo de normas legales.

Es como si viviéramos en una carrera en la que todos tenemos el mismo punto de salida, pero algunos llevan ventaja porque su punto de partida es más alto. Otros, aunque puedan correr la misma distancia, no pueden alcanzar la meta con la misma rapidez, ni siquiera con la misma facilidad, porque las condiciones a lo largo del recorrido son diferentes. La desigualdad, entonces, no solo está en el acceso, sino en la distribución de los recursos a lo largo del camino.

Este es el gran reto: no basta con decir que todos somos iguales ante la ley, porque las leyes no son las mismas para todos en la práctica. No basta con abrir las puertas a nuevas oportunidades si esas oportunidades no están realmente disponibles para todos por igual. La verdadera igualdad requiere un cambio en la forma en que distribuimos el poder, los recursos y las oportunidades. Requiere que entendamos que la lucha no es solo por el acceso, sino por la equidad en las condiciones que hacen posible ese acceso.

Pero, al igual que con el progreso, la igualdad es una palabra que ha sido distorsionada, que ha sido vaciada de su contenido. Nos han dicho que ya hemos alcanzado la igualdad, que ya vivimos en una sociedad donde todos tienen las mismas oportunidades. Pero al mirar más de cerca, vemos que esas promesas no se cumplen. La igualdad es solo una máscara que oculta las estructuras de poder que siguen favoreciendo a unos y oprimen a otros.

Lo que necesitamos es una revolución en el concepto mismo de igualdad. Necesitamos ir más allá de la mera inclusión o del acceso a espacios previamente restringidos. Necesitamos una igualdad que transforme las condiciones de vida, que modifique la distribución de la riqueza, que garantice que todas las personas puedan acceder a los mismos niveles de bienestar, sin importar su origen, su raza, su género o su clase social. Una igualdad que no solo esté en las leyes, sino en las estructuras que realmente determinan el curso de nuestras vidas.

Es un concepto difícil de alcanzar, porque desafía las bases mismas sobre las que se construyen las sociedades modernas. Pero solo cuando logremos esa verdadera igualdad, solo cuando podamos ver la justicia no como un derecho de algunos, sino como una realidad para todos, podremos decir que hemos alcanzado un verdadero avance en nuestra lucha contra las jerarquías invisibles que nos dividen.

Las castas ya no se manifiestan en códigos explícitos inscritos en leyes o textos religiosos en muchas partes del mundo, pero eso no significa que hayan desaparecido. Hoy en día, el sistema de jerarquías sociales opera de manera más sutil, escondido tras las estructuras de la economía, la política, la cultura y, en particular, las normas no escritas que rigen nuestras interacciones cotidianas. Es un manto invisible, pero su peso se siente profundamente en la vida de quienes quedan atrapados bajo su sombra.

En las economías globalizadas, el acceso al capital y a las oportunidades está profundamente influido por la clase social, el color de la piel, el género o el lugar de nacimiento. Una persona nacida en una comunidad rural marginada puede tener el mismo talento y potencial que alguien criado en un entorno privilegiado, pero su camino estará lleno de obstáculos que no tienen nada que ver con su capacidad. El manto invisible opera aquí como un filtro silencioso, seleccionando quién tiene acceso a la educación de calidad, a los empleos mejor remunerados y a las redes sociales que abren puertas.

En las empresas, el concepto de meritocracia suele ser una fachada que oculta las mismas jerarquías que las castas tradicionales. Las personas de ciertos grupos étnicos, clases o géneros enfrentan techos de cristal que, aunque invisibles, son imposibles de ignorar. El lenguaje corporal, las microagresiones y los estereotipos perpetúan una exclusión silenciosa, difícil de señalar pero imposible de negar. Incluso en sociedades que se enorgullecen de su diversidad, el manto invisible opera como un recordatorio constante de que no todos están realmente en igualdad de condiciones.

La tecnología, lejos de ser un gran nivelador, también perpetúa las jerarquías sociales. Los algoritmos que impulsan las redes sociales, los sistemas de contratación y los créditos bancarios están diseñados por personas que, consciente o inconscientemente, incorporan sus propios prejuicios. Esto significa que el manto invisible se actualiza y adapta a las herramientas modernas, manteniendo las jerarquías sociales en una era digital.

Pero quizás la forma más insidiosa en que el manto invisible opera hoy es a través de las narrativas culturales que perpetúan la desigualdad. Las películas, los libros, la música y los medios de comunicación construyen historias que refuerzan quién pertenece a qué lugar en la sociedad. Las imágenes que consumimos diariamente moldean nuestras percepciones de valor y merecimiento, condicionándonos a aceptar como normal lo que en realidad es una construcción social profundamente injusta.

El manto invisible persiste porque opera en la mente tanto de los opresores como de los oprimidos. Está tejido en nuestras creencias más profundas, en las suposiciones que damos por sentadas sobre quién merece qué y por qué. Reconocerlo es el primer paso para desmantelarlo. Sin embargo, no basta con verlo; debemos actuar colectivamente para deshacer las estructuras que lo sostienen y crear nuevas formas de relacionarnos como iguales.

Hoy, el manto invisible no es una reliquia del pasado, sino una realidad viva que afecta a millones de personas. Y aunque no podamos verlo directamente, sus efectos son inconfundibles. Desenmascararlo requiere valentía, empatía y un compromiso inquebrantable con la justicia. Solo entonces podremos comenzar a imaginar un mundo donde las jerarquías sociales sean reemplazadas por una verdadera equidad y donde el manto invisible finalmente se desvanezca.

Capítulo 7: La Trampa del Progreso

La noción de progreso ha sido el motor de las sociedades modernas, un faro que ha guiado políticas, economías y culturas durante siglos. Pero, como sucede con tantas otras ideas, el progreso, al igual que la igualdad, ha sido distorsionado, convertido en una herramienta que justifica el mantenimiento de las estructuras de poder existentes. El progreso se ha presentado como una historia lineal, una narrativa de avance y mejora, pero ¿qué sucede cuando ese avance solo beneficia a una parte de la población? ¿Qué pasa cuando la historia del progreso es, en realidad, una historia de perpetuación de las jerarquías?

En muchas sociedades, el progreso se mide por el crecimiento económico, el acceso a la tecnología o el aumento en los estándares de vida. Pero esta visión lineal del progreso no tiene en cuenta las desigualdades inherentes a los sistemas que impulsan este crecimiento. De hecho, el progreso, tal como se nos presenta, a menudo se basa en la explotación de los menos favorecidos, en el sacrificio de los más vulnerables por el bienestar de unos pocos. En lugar de ser una verdadera historia de avance para todos, el progreso se convierte en un proceso que aumenta la brecha entre los que tienen y los que no tienen.

Tomemos, por ejemplo, el auge de la tecnología y la globalización. Estos fenómenos han sido celebrados como los máximos logros del progreso humano, pero ¿quién se beneficia realmente de ellos? En un mundo globalizado, las empresas multinacionales se expanden, los mercados emergentes se abren y los consumidores disfrutan de productos más baratos y accesibles. Sin embargo, ¿qué pasa con los trabajadores en las fábricas de Bangladesh, en las minas de África o en las plantaciones de América Latina? ¿Qué pasa con los ecosistemas que se destruyen para dar paso a la producción a gran escala? El progreso para algunos se construye sobre la explotación de otros, sobre el desgaste de los recursos naturales y sobre la creación de nuevas formas de opresión.

Lo mismo ocurre con el crecimiento económico. Mientras que los países desarrollados celebran sus altas tasas de crecimiento y sus economías florecientes, millones de personas en todo el mundo siguen viviendo en condiciones de extrema pobreza, sin acceso a los recursos básicos para una vida digna. El progreso económico no ha alcanzado a todos, y la brecha entre ricos y pobres sigue aumentando. Lo que se nos presenta como progreso es, en realidad, una consolidación de las jerarquías sociales que existen entre los países ricos y los países pobres, entre las clases altas y las clases bajas, entre los que tienen poder y los que no lo tienen.

Este tipo de progreso, en lugar de desafiar las estructuras de poder, las refuerza. Nos dicen que debemos adaptarnos al cambio, que debemos abrazar las nuevas tecnologías y las nuevas formas de organización social. Pero ¿qué pasa cuando el cambio no es para todos? ¿Qué pasa cuando el progreso se convierte en una trampa, un ciclo que favorece a los poderosos y deja atrás a los desfavorecidos? En lugar de ser una historia de liberación, el progreso se convierte en una narrativa de opresión.

El desafío, entonces, es redefinir el progreso. No se trata de una mera acumulación de riquezas, ni de un aumento en el acceso a la tecnología. El verdadero progreso debe ser medido por la capacidad de las sociedades para garantizar la justicia, la equidad y el bienestar para todos, sin importar su origen, su raza, su género o su clase social. El progreso real debe desafiar las jerarquías invisibles, debe cuestionar las estructuras de poder que han existido durante siglos y deben garantizar que los beneficios del progreso lleguen a todos, no solo a unos pocos.

Es fácil caer en la trampa del progreso, en la ilusión de que el cambio es siempre positivo, que la historia avanza de manera lineal hacia un futuro mejor. Pero el verdadero progreso no es automático, ni es garantizado. Requiere un esfuerzo consciente, un compromiso con la justicia y una voluntad de desafiar las estructuras de poder que perpetúan las desigualdades.

Capítulo 8: El Peso de las Tradiciones

Las tradiciones son poderosas. Son los hilos invisibles que tejen el tejido de nuestras sociedades, dándole forma a nuestras creencias, valores y comportamientos. Las tradiciones nos conectan con el pasado, nos brindan un sentido de pertenencia y, a menudo, nos dan la falsa sensación de estabilidad. Sin embargo, detrás de esas tradiciones se esconde una realidad incómoda: muchas de ellas han sido utilizadas para perpetuar las jerarquías sociales, para mantener el orden establecido y reforzar las desigualdades.

La tradición, como concepto, ha sido un refugio para los que tienen poder. En nombre de la preservación de la cultura, las costumbres y los valores, se han justificado prácticas que excluyen, que oprimen, que silencian a los que se encuentran fuera de las normas establecidas. El concepto de tradición ha sido invocado para mantener el statu quo, para resistir el cambio y para evitar cuestionar las estructuras de poder que siguen dominando nuestras vidas.

En muchas sociedades, las tradiciones relacionadas con el género, la raza, la clase y la religión han sido utilizadas para dividir y para imponer roles fijos sobre las personas. Las mujeres, por ejemplo, han sido históricamente relegadas a roles domésticos y subordinados bajo el pretexto de una tradición que supuestamente las define como cuidadoras y madres. Las castas sociales y raciales, igualmente, han sido mantenidas por una tradición que dicta quién pertenece a qué grupo, quién tiene acceso a qué recursos, y quién tiene el derecho de ocupar ciertos espacios en la sociedad.

Estas tradiciones no son inmutables, como a menudo nos hacen creer. Son construcciones sociales que han sido moldeadas a lo largo del tiempo por los que tenían el poder, por los que deseaban mantener el control sobre los demás. Nos han enseñado que son sagradas, que son parte de nuestra identidad, que nos definen. Pero la realidad es que, en muchos casos, son herramientas de opresión, diseñadas para dividir y para perpetuar las jerarquías invisibles.

El peso de las tradiciones es tal que a menudo ni siquiera las cuestionamos. Las aceptamos como parte de nuestra vida cotidiana, como algo que forma parte de nuestro ser, sin darnos cuenta de que están diseñadas para mantenernos en nuestros lugares asignados. La tradición nos dice que esto es lo que siempre ha sido, y por lo tanto, esto es lo que siempre debe ser. Nos limita, nos condiciona, nos impide imaginar un futuro diferente, uno en el que las jerarquías sean desmanteladas y las personas sean tratadas con la misma dignidad y respeto, sin importar su origen o su lugar en la sociedad.

Sin embargo, la historia está llena de ejemplos de cómo las tradiciones pueden ser desafiadas, cómo las normas sociales pueden ser cuestionadas y transformadas. A lo largo del tiempo, los movimientos sociales han logrado reconfigurar lo que consideramos "tradición", llevando cambios significativos en las formas de vida, en los valores y en las creencias que sustentan nuestras sociedades. La lucha por los derechos civiles, la lucha feminista, los movimientos por los derechos de las personas LGBTQ+, son solo algunos ejemplos de cómo las tradiciones pueden ser reescritas, cómo las estructuras de poder pueden ser desafiadas y cómo las jerarquías invisibles pueden ser cuestionadas.

Pero este proceso no es fácil. Desafiar las tradiciones requiere valentía, requiere la disposición de enfrentar el rechazo, la incomodidad y la resistencia. Las tradiciones no se desmantelan de la noche a la mañana, y quienes intentan cambiar el orden establecido a menudo se enfrentan a la violencia, a la represión y a la condena social. Sin embargo, los cambios que hemos logrado hasta ahora nos muestran que es posible desafiar las estructuras de poder que nos oprimen. Es posible imaginar un futuro en el que las tradiciones ya no sean utilizadas como justificación para la desigualdad, sino como instrumentos para la inclusión, la equidad y la justicia.

El desafío, entonces, es no dejarnos atrapar por el peso de las tradiciones. No podemos permitir que nos definan ni que nos limiten. Debemos ser capaces de cuestionar lo que se nos ha enseñado, de mirar más allá de las estructuras que nos han sido impuestas y de crear nuevas formas de vivir juntos, en las que la igualdad y la justicia no sean solo palabras vacías, sino principios que guíen nuestras acciones. Solo cuando podamos liberarnos del peso de las tradiciones opresivas, podremos crear una sociedad en la que todos, sin excepción, puedan vivir con dignidad y libertad.

Cuando pensamos en la opresión y la división social, es importante entender que las jerarquías no solo se construyen a través de las diferencias evidentes, como el racismo, sino también mediante estructuras invisibles que se mantienen a lo largo del tiempo. Un gran pensador que abordó este tema con profundidad fue el Dr. Bhimrao Ambedkar, un hombre que no solo vivió en carne propia las humillaciones del sistema de castas de la India, sino que dedicó su vida a desmantelar ese sistema. Para él, las castas no eran solo divisiones superficiales, sino cárceles invisibles que mantenían a las personas atrapadas en su lugar, separadas por barreras invisibles que las impedían fusionarse, mezclarse, progresar. Él hablaba de un "corte artificial" de la sociedad, una separación que no solo limitaba las posibilidades de los individuos, sino que también mantenía a toda una sociedad bajo control.

Ambedkar lo describió de manera poderosa, diciendo que las castas funcionan como una prisión, pero una prisión que no es evidente a simple vista. Estas cárceles son invisibles, pero igualmente poderosas, y lo que las hace aún más complejas es el mecanismo que las sostiene: la endogamia. Las personas dentro de una casta no solo están separadas de otras, sino que también son educadas y presionadas a casarse dentro de su propio grupo, lo que perpetúa la división. La endogamia se convierte en una herramienta de control que impide que las personas se mezclen y, por lo tanto, limita la posibilidad de movilidad social. Las castas no solo segregan a las personas, sino que las mantienen separadas por generaciones, asegurando que no haya mezcla ni ascenso.

Y aunque Ambedkar estaba hablando de la India, sus observaciones no son exclusivas de ese país. El concepto de las castas como un sistema de control tiene paralelismos con muchas otras formas de jerarquía social que hemos visto a lo largo de la historia. En todas partes del mundo, desde el apartheid en Sudáfrica hasta las clases sociales en muchos países, las personas han sido divididas y mantenidas en grupos separados. Es un sistema que, de manera sutil, crea una prisión invisible, no solo para aquellos que están atrapados en los grupos más bajos, sino para toda la sociedad. Y el control no es solo sobre el acceso a los recursos, sino también sobre las relaciones entre los grupos, sobre cómo se relacionan, sobre cómo se ven los unos a los otros.

Es aquí donde la lucha se vuelve compleja. Desmantelar las castas, o cualquier jerarquía de este tipo, no es simplemente un acto de ofrecer igualdad de derechos. Es una cuestión más profunda: destruir esas barreras invisibles que siguen separando a las personas, incluso cuando la sociedad parece haber avanzado. No es suficiente con aceptar la igualdad en los papeles; es necesario un cambio profundo en la forma en que organizamos nuestras relaciones sociales. Las castas son una forma de control social que perpetúa la desigualdad y limita las posibilidades de progreso, no solo para los individuos que están atrapados en ellas, sino para toda la sociedad. Es un sistema que nos priva de nuestra humanidad común, que nos impide vernos como iguales, como parte de un mismo todo. La verdadera liberación, entonces, no es solo una cuestión de cambiar las leyes, sino de transformar la forma en que nos entendemos y nos relacionamos, destruyendo las "cárceles" invisibles que aún nos mantienen divididos.

Capítulo 9: Más allá del racismo:

El racismo es una de las formas más visibles de discriminación, pero no es el núcleo del problema. Es, en realidad, una expresión de algo mucho más antiguo, más profundo y más omnipresente: el sistema de castas. Las castas son un mecanismo de control, una jerarquía diseñada para dividir, clasificar y controlar a las personas en función de características arbitrarias. Es un sistema que va más allá de la raza, infiltrándose en las culturas, religiones, clases sociales y géneros, moldeando nuestras vidas de maneras que rara vez reconocemos plenamente.

En un sistema de castas, el lugar que ocupas no depende únicamente de tus habilidades, esfuerzos o deseos. Está determinado por un conjunto de reglas tácitas que dictan tu valor social y económico en función de factores como tu nacimiento, color de piel, género, o incluso tu apellido. El racismo, entonces, es sólo una herramienta dentro de este sistema más amplio, una manera de justificar y reforzar la posición de ciertos grupos sobre otros.

La diferencia entre racismo y sistema de castas radica en su alcance y profundidad. El racismo se centra en la raza, utilizando características físicas como el color de la piel para establecer jerarquías. Las castas, en cambio, son más insidiosas porque abarcan múltiples dimensiones de la identidad humana. Una persona puede ser marginada no sólo por su raza, sino también por su género, su clase económica, su religión o su lugar de origen. Las castas crean una red de opresión multidimensional que atrapa a sus víctimas en una telaraña de desigualdades interconectadas.

En la India, el sistema de castas es explícito y se codifica en tradiciones religiosas. En Estados Unidos, el racismo ha sido el principal vehículo de exclusión, pero su lógica opera como un sistema de castas. Durante la segregación, los afroamericanos eran considerados intocables, excluidos de espacios públicos y privados por un sistema que los marcaba como inferiores. Lo mismo ocurrió en Sudáfrica con el apartheid, en América Latina con las jerarquías basadas en el mestizaje, y en Europa con la persecución de los judíos y los romaníes.

Lo que une todos estos ejemplos es la función de control social. Las castas existen para mantener el poder en manos de unos pocos y justificar la explotación de muchos. Las jerarquías son diseñadas para perpetuar un status quo en el que los privilegios se transmiten de generación en generación, mientras que las oportunidades se niegan sistemáticamente a quienes están en los peldaños más bajos.

Lo más peligroso de las castas es su capacidad de adaptarse y persistir. Cuando las leyes cambian, las castas se transforman en normas culturales. Cuando los movimientos sociales derriban barreras visibles, las castas se esconden en las estructuras económicas y en los prejuicios inconscientes. Es un sistema que se reinventa constantemente, encontrando nuevas maneras de dividirnos y enfrentarnos entre nosotros.

Para entender por qué debemos desmantelar las castas, es esencial reconocer su impacto en la humanidad. Las castas no sólo deshumanizan a quienes están en la base de la pirámide, sino que también corrompen a quienes están en la cima. Encarcelan tanto a los opresores como a los oprimidos en un ciclo interminable de miedo, odio y separación.

La solución no es simplemente erradicar el racismo, sino desmantelar el sistema de castas en su totalidad. Esto requiere un cambio radical en la forma en que vemos y valoramos a los demás. Requiere reconocer que las diferencias no son una amenaza, sino una riqueza, y que nuestra humanidad compartida es más importante que cualquier jerarquía que tratemos de imponer.

Cuando comprendamos que el racismo es sólo un síntoma de un problema más profundo, podremos empezar a sanar verdaderamente. Sólo entonces podremos imaginar un mundo en el que las castas ya no definan quiénes somos, y en el que la igualdad sea más que un ideal, sea una realidad.

El sistema de castas no solo es un fenómeno social, sino también un constructo profundamente arraigado en las leyes y políticas que han definido sociedades a lo largo de la historia. Estas leyes, en su mayoría invisibles pero poderosas, han sido fundamentales para mantener las jerarquías que nos separan y limitan nuestra capacidad de avanzar juntos como humanidad. Un elemento clave de este andamiaje es la endogamia, la práctica que regula estrictamente con quién se puede o no casarse, estableciendo fronteras invisibles que separan a los grupos sociales, a menudo con consecuencias letales para aquellos que se atreven a cruzarlas.

El Dr. B.R. Ambedkar, uno de los más grandes pensadores y defensores de la justicia social, describió cómo la cárcel de las castas actúa como un corte artificial en la población. La endogamia, de manera insidiosa, no solo restringe las relaciones personales, sino que crea barreras insalvables entre los grupos. En este contexto, la endogamia se convierte en una herramienta esencial para el mantenimiento de las castas, pues cierra las puertas a la integración, a la movilidad social y, en última instancia, a la humanidad compartida. La "cárcel artificial", como la denominó Ambedkar, asegura que cada unidad de la sociedad quede aislada, reforzando las jerarquías con cada generación.

El concepto de endogamia, cuando se implementa como política, tiene un poder devastador. No es solo una cuestión de prohibir el matrimonio entre castas; es una práctica que deshumaniza a las personas, les niega su capacidad de elegir con quién compartir su vida, y, más aún, les impide ver a los demás como iguales. Al restringir las relaciones románticas, sexuales e incluso las amistades a un círculo cerrado, se establece un muro impenetrable que separa a las personas desde su nacimiento hasta su muerte. Esta separación no solo es física, sino también emocional, creando una desconexión fundamental entre los individuos de diferentes castas.

Al analizar la historia de las políticas de segregación racial, encontramos que la endogamia no es exclusiva de la India o de las sociedades asiáticas. En Estados Unidos, por ejemplo, las leyes de segregación racial impuestas durante la era de Jim Crow fueron una manifestación legal de este mismo principio. Las leyes que prohibían el matrimonio entre personas blancas y personas negras fueron implementadas para reforzar una jerarquía racial rígida y estructurada.

Al igual que en la India, el objetivo era crear un muro entre las castas, un muro que, en este caso, no solo separaba a las personas por su origen, sino también por su valor intrínseco como seres humanos.

La violencia racial en Estados Unidos, especialmente los linchamientos, fueron una consecuencia directa de la violación de estas normas endogámicas. Cualquier intento de cruzar las líneas raciales, ya fuera a través de un matrimonio o una relación romántica, se castigaba con brutalidad. Las vidas de miles de personas fueron destruidas por el simple hecho de desafiar un sistema que las consideraba inferiores. Esta violencia, aunque no siempre tan visible hoy en día, sigue teniendo efectos devastadores en las comunidades afectadas, perpetuando el miedo y la segregación en la sociedad.

Un concepto crucial para entender la permanencia de estas divisiones es la idea de que la pertenencia a una casta, ya sea la más alta o la más baja, es inmutable. Como señaló el Dr. Allison Davis, uno de los más prominentes estudiosos de las castas en Estados Unidos, el estatus de una persona dentro de este sistema no se puede cambiar. No importa cuánto esfuerzo ponga uno en ascender o en educarse, no puede escapar de las limitaciones impuestas por su casta. Nacemos dentro de un sistema que nos marca para siempre, y las barreras que nos separan no pueden ser atravesadas por el simple deseo de cambiar.

El Dr. Davis también explicó que estas jerarquías no solo afectan a los individuos, sino que son un reflejo de una estructura social más amplia, donde los grupos de poder son los que definen quién tiene acceso a los recursos, al reconocimiento y a los derechos. A lo largo de la historia, aquellos en las castas más bajas han sido sistemáticamente privados de la oportunidad de cambiar su destino. Y la endogamia ha sido uno de los medios más efectivos para asegurar que esta división persista de generación en generación.

El problema de la endogamia es, por lo tanto, un problema estructural. No es solo una cuestión de preferencias personales o sociales, sino que es un mecanismo de control que se extiende mucho más allá de las relaciones individuales. La endogamia no solo mantiene la separación de las castas, sino que refuerza una mentalidad que ve a los otros como inferiores, como no merecedores de los mismos derechos y oportunidades.

Así, mientras el sistema de castas sigue siendo, en muchos lugares, un problema presente y tangible, la lucha por desmantelarlo requiere un enfoque que desafíe las estructuras invisibles que lo sostienen. Si no podemos reconocer y entender los mecanismos que perpetúan estas divisiones, no podremos cambiar la realidad de aquellos atrapados en este sistema. La endogamia, como herramienta de control, es uno de esos mecanismos, y comprender su funcionamiento es el primer paso para liberarnos de sus cadenas.

Después de haber desglosado el funcionamiento de la endogamia como un mecanismo de control dentro de las jerarquías de castas, es fundamental entender cómo los estudios académicos han contribuido a arrojar luz sobre este sistema profundamente arraigado. En este contexto, uno de los trabajos más completos sobre el sistema de castas en Estados Unidos proviene del equipo de Davis y Gardner, quienes realizaron un análisis exhaustivo de las estructuras sociales en el sur de Estados Unidos. Su libro, Deep South, se ha convertido en un hito revolucionario en la investigación sobre las castas, al ser una obra que desafía las fronteras tradicionales del estudio racial. A través de su investigación, Davis y Gardner no solo documentaron la opresión sistemática, sino que también crearon un espacio para el diálogo interracial, un esfuerzo académico que permanece relevante hoy en día. La colaboración entre los dos, que continúa siendo una amistad de toda la vida, es un testimonio del poder de la investigación compartida y de la importancia de estudiar estas jerarquías invisibles desde una perspectiva unificada y empática.

Desde los rincones más oscuros de la historia, los sistemas de castas han reducido a comunidades enteras a una masa homogénea de cuerpos desprovistos de identidad, de humanidad, de empatía. En la Alemania nazi, los judíos que llegaban a los campos de concentración eran despojados de la ropa de sus vidas anteriores, sus cabezas afeitadas, sus rasgos distintivos eliminados. Las patillas, el cabello rojo, cualquier marca de individualidad, todo desaparecía. No eran ya personas con las que los oficiales de las SS pudieran interactuar o relacionarse; se convertían en una masa uniforme, diseñada deliberadamente para facilitar la distancia emocional necesaria para cometer atrocidades.

En India, los dalits, denominados durante milenios como "intocables", eran forzados a realizar los trabajos más degradantes, como el escarbado manual de excrementos de letrinas y drenajes abiertos, una labor deshumanizante que aún persiste en la actualidad. Activistas indios explican que esta práctica no es un empleo, sino una forma de esclavitud moderna, una injusticia central en la violación de los derechos humanos de los dalits, una herramienta para reforzar su dehumanización.

En el comercio transatlántico de esclavos, la barbarie alcanzó proporciones inimaginables. Durante la travesía en los barcos negreros, a través de tormentas violentas, hambre, mutilaciones y violaciones, los cuerpos de los africanos esclavizados no les pertenecían. Eran apilados y exprimidos en las bodegas de los barcos como mercancías para ser vendidas a un destino aún más terrorífico. No eran ya hijas de pescadores, ni sobrinos de parteras, ni madres amorosas, ni sobrinos fuertes, ni panaderos dedicados o relojeros hábiles. Todo lo que eran se fundía en una masa indiferenciada de cuerpos sin rostro, sin nombre, sin alma. Ya no eran personas, eran números, objetos sobre los que el sistema dominante podía ejercer control sin remordimiento.

La historia no termina allí. Estos sistemas de castas no solo marcaron la época en la que se originaron, sino que sus sombras persisten, adaptándose a nuevas formas. Desde las leyes de endogamia en Estados Unidos, diseñadas por hombres blancos para regular las relaciones románticas y controlar la composición de la población, hasta los linchamientos públicos más publicitados, la humanidad ha sido testigo del precio de estas jerarquías: vidas perdidas, generaciones destruidas, identidades borradas.

Es una realidad desgarradora, una que no solo debemos recordar, sino comprender en toda su profundidad para imaginar un futuro diferente. Un futuro en el que estas divisiones sean desmontadas y en el que podamos reconstruirnos como una humanidad interdependiente, capaz de reconocer el valor intrínseco de cada individuo.

La deshumanización es el núcleo del sistema de castas. Es la herramienta que convierte a un ser humano en un animal sin alma, sin humanidad, sin identidad. Pero la deshumanización no ocurre fácilmente frente a un individuo. Es difícil deshumanizar a una persona que está parada frente a ti, alguien a quien puedes mirar a los ojos, alguien cuya historia puedes escuchar, cuya humanidad puedes sentir. Por eso, quienes buscan poder y división no se molestan en deshumanizar a una sola persona.

Es mucho más efectivo adherir un estigma, una marca de contaminación, a todo un grupo. Dehumanizar al grupo significa deshumanizar automáticamente a cada persona dentro de él. No importa si son madres cariñosas, artistas brillantes, agricultores dedicados o niños llenos de potencial; al grupo se le priva de su humanidad colectiva, y con ello, cada individuo queda reducido a un símbolo, a una proyección de los prejuicios del sistema dominante.

Esta estrategia de deshumanización grupal es tan efectiva que se ha utilizado una y otra vez en diferentes contextos históricos. En los Estados Unidos, el sistema de castas racial convirtió a las personas negras en objetos sin derechos, su valor reducido a su utilidad para los intereses de los blancos dominantes. En la Alemania nazi, los judíos fueron etiquetados como una amenaza existencial, su humanidad borrada para justificar un genocidio. En India, los dalits han sido tratados como intocables, su sola existencia considerada contaminante, su humanidad negada por las mismas tradiciones que los esclavizan.

Esta es la lógica brutal del sistema de castas: una vez que se logra deshumanizar a un grupo, se abre la puerta a cualquier forma de explotación, abuso y violencia. Las víctimas ya no son personas con sueños, emociones y dignidad; se convierten en números, en herramientas, en chivos expiatorios sobre los que se puede proyectar cualquier culpa o frustración. Y el sistema de castas, en su insidiosa sofisticación, asegura que esta deshumanización no solo persista, sino que se normalice, se institucionalice y se perpetúe.

CAPÍTULO 10: EL ESPEJO Roto de la Identidad

La identidad es un concepto fluido, siempre en construcción, siempre en negociación. Nos define, nos limita, nos conecta y, a veces, nos separa. A lo largo de la historia, las sociedades han definido las identidades de las personas no solo a través de sus creencias, valores y comportamientos, sino también mediante categorías externas que las imponen sobre los individuos: género, raza, clase social, nacionalidad, entre otras. Estas categorías han servido como un espejo que refleja lo que una sociedad valora, teme o desprecia, pero al mismo tiempo, este espejo se ha roto, creando distorsiones y confusión en la forma en que nos vemos a nosotros mismos y a los demás.

Lo que nos han dicho sobre nuestra identidad no siempre es lo que somos. Nos han enseñado a vernos a través del prisma de las categorías sociales, a entender nuestra valía en función de nuestro lugar en un sistema de jerarquías invisibles. La identidad no es solo un asunto personal; está profundamente entrelazada con las estructuras de poder que existen en el mundo. Estas estructuras, lejos de ser neutras, definen quién tiene derecho a ocupar qué espacio, quién tiene accso a qué oportunidades, quién merece qué tipo de trato.

Desde el momento en que nacemos, somos etiquetados, categorizados. La sociedad nos dice qué somos, qué podemos ser y qué debemos aspirar a ser. Pero estas etiquetas, lejos de ser reflejos de nuestra verdadera identidad, son construcciones sociales que nos imponen los demás, con la intención de mantener el control sobre nuestras vidas. Nos dicen si somos valiosos o no, si tenemos derecho a ser escuchados o no, si merecemos estar en la mesa o no. Estas categorías de identidad son, en última instancia, una forma de control. A lo largo de los siglos, las personas han sido etiquetadas y clasificadas según criterios que van más allá de lo individual. La raza, por ejemplo, ha sido una de las categorías más poderosas utilizadas para definir a las personas, para dividir a la humanidad en grupos considerados superiores e inferiores. Las estructuras raciales han definido las vidas de millones de personas, limitando sus oportunidades, su movilidad y su acceso a recursos. Las clases sociales, igualmente, han servido para marcar la diferencia entre los que tienen y los que no, entre los que pueden acceder a una educación de calidad y los que no, entre los que viven en barrios privilegiados y los que viven en la pobreza. Pero lo más insidioso de estas categorías es que, a menudo, las internalizamos. Comenzamos a vernos a través del espejo roto que nos han dado. Nos decimos a nosotros mismos que somos lo que nos han dicho que somos, que nuestro valor está determinado por lo que los demás ven en nosotros. Esta internalización de las categorías sociales es lo que perpetúa las jerarquías, lo que mantiene el sistema de castas, de clases y de razas. Cuando aceptamos las etiquetas que nos ponen, cuando creemos que nuestra identidad está determinada por esas categorías externas, estamos contribuyendo a la perpetuación de un sistema que nos niega la oportunidad de vernos a nosotros mismos como verdaderamente somos: seres humanos, con derechos, con dignidad, con la capacidad de redefinir nuestra propia identidad. Sin embargo, no todo está perdido. El poder de la identidad es también su mayor debilidad. La identidad no es estática. Está en constante evolución, en constante negociación. Y si bien las categorías sociales han intentado definirnos, también tenemos la capacidad de cuestionarlas, de desmantelarlas, de redefinirnos a nosotros mismos. El acto de desafiarnos a nosotros mismos, de resistir las etiquetas que se nos imponen, es el primer paso hacia la liberación. Cuando nos liberamos de las categorías que nos han dado, podemos comenzar a construir una identidad más auténtica, más libre, más conectada con nuestra humanidad común. Las identidades colectivas también son poderosas. A lo largo de la historia, los movimientos sociales han utilizado la identidad como una herramienta para la resistencia, para la lucha por la justicia y la igualdad. La identidad compartida ha sido la base de los movimientos feministas, de los movimientos por los derechos civiles, de las luchas por los derechos de las personas LGBTQ+. Estos movimientos han demostrado que, cuando las personas se unen bajo una identidad común de lucha, pueden desafiar las estructuras de poder que intentan dividirlas. La identidad colectiva, entonces, no tiene que ser una prisión; puede ser una fuente de poder, de unidad y de transformación. El verdadero desafío, por lo tanto, es no permitir que las categorías sociales nos definan de manera rígida. Debemos ser capaces de vernos más allá de las etiquetas, de reconocer nuestra humanidad común, de comprender que la identidad no está limitada por las fronteras impuestas por el poder. Solo cuando entendamos que nuestra identidad es algo que construimos, que renegociamos constantemente, podremos libe nos de las cadenas invisibles que nos atan a un sistema que nos ha dicho quiénes debemos ser.

El espejo roto de la identidad solo puede ser reparado cuando decidimos mirar más allá de las distorsiones que nos imponen y nos atrevemos a vernos a nosotros mismos por lo que realmente somos: seres humanos en busca de justicia, de igualdad, de dignidad.

Capítulo 11: El Costo de la Invisibilidad

La invisibilidad es una de las formas más insidiosas de violencia. Es una violencia silenciosa, que no deja cicatrices visibles, pero que corroe lentamente el sentido de uno mismo y la capacidad de conectar con el mundo. Las personas invisibles no son necesariamente aquellas que están ausentes o que no son vistas físicamente; son aquellas cuyas vidas, historias y luchas son sistemáticamente ignoradas, minimizadas o silenciadas por las estructuras de poder.

Vivimos en un mundo que, por diseño, elige qué historias contar y cuáles omitir. Las voces de los poderosos se amplifican mientras que las de los oprimidos se ahogan en el ruido del sistema. Esto no es solo una cuestión de medios de comunicación o de política; es una cuestión de la forma en que las personas son tratadas en su vida cotidiana, en el espacio público, en el trabajo, en la escuela, en sus hogares. La invisibilidad no solo se refiere a la falta de representación en los medios, sino también a la ausencia de reconocimiento en los sistemas que dictan las reglas de la sociedad.

La invisibilidad tiene un costo humano profundo. Las personas que son sistemáticamente borradas del relato oficial de la sociedad empiezan a creer que no tienen valor, que sus vidas no importan, que su sufrimiento no cuenta. Esto puede llevar a un ciclo de desesperanza y desesperación, donde la búsqueda de una voz, de un lugar en el mundo, se convierte en una lucha constante contra las fuerzas invisibles que las empujan hacia la periferia.

Tomemos como ejemplo la historia de los pueblos indígenas en América Latina. Durante siglos, estas comunidades han sido invisibilizadas por los gobiernos, los medios y las estructuras de poder, relegadas a los márgenes de la sociedad. Aunque sus culturas, tradiciones y lenguas son profundamente valiosas, la historia oficial las ha ignorado, reduciéndolas a simples curiosidades folklóricas o incluso a estereotipos dañinos. Esta invisibilidad ha tenido un costo brutal: la pérdida de tierras, la destrucción de ecosistemas, la opresión cultural, la violencia física y la muerte. Pero quizás lo más devastador de todo es la forma en que estas comunidades han sido despojadas de su dignidad, de su capacidad para ser vistas como iguales, como seres humanos con derechos y valor.

Este fenómeno no se limita a las comunidades indígenas, por supuesto. En muchas partes del mundo, las mujeres, las personas de color, las personas con discapacidad, los migrantes y las comunidades LGBTQ+ enfrentan la misma invisibilidad. El sistema les dice, de forma implícita o explícita, que no importan. Que sus vidas son menos valiosas que las de otros. Que su dolor es irrelevante. Y cuando las personas son invisibles, sus derechos también lo son. La violencia que enfrentan no solo es física o emocional, sino también institucional. No pueden acceder a la justicia porque no son vistas como sujetos de derechos. No pueden acceder a servicios de salud, educación, empleo o vivienda poque no existen en el radar de quienes toman las decisiones.

Lo que se pierde con la invisibilidad es la humanidad misma. Cada vez que una persona es ignorada, se les priva de su capacidad de existir plenamente en el mundo, de ser vista y reconocida como un ser humano con dignidad. Esta invisibilidad se convierte en una forma de deshumanización, donde las personas no son consideradas merecedoras de la misma compasión, respeto o justicia que los demás. Y cuando una sociedad deshumaniza a ciertos grupos de personas, está sembrando las semillas de la violencia y la división.

Pero hay una resistencia contra la invisibilidad. En muchos lugares del mundo, los movimientos sociales, los activistas, los artistas y las comunidades han luchado incansablemente por ser vistas. No solo por la representación en los medios, sino por el reconocimiento real de su humanidad, por el acceso a los mismos derechos y oportunidades que los demás. La lucha por la visibilidad es, en última instancia, una lucha por la dignidad. Al exigir ser vistas, estas comunidades están exigiendo ser tratadas como iguales, con los mismos derechos y respeto que los demás.

El camino hacia la visibilidad no es fácil. Implica un desafío constante contra las estructuras de poder que han intentado borrar las historias de ciertos grupos, que han intentado hacer que sus luchas sean invisibles. Pero la visibilidad, aunque a veces costosa, tiene un poder transformador. Cuando las personas comienzan a ser vistas, cuando sus voces son escuchadas, cuando sus historias son reconocidas, el sistema de opresión pierde parte de su poder. La invisibilidad, entonces, se convierte en la última arma de un sistema que depende de la exclusión y el olvido para mantenerse intacto. Es importante recordar que la visibilidad no solo se trata de aparecer en los medios o en los discursos públicos. Es un reconocimiento profundo de la humanidad del otro. Es un reconocimiento de que todos, independientemente de nuestra raza, género, clase o nacionalidad, merecemos ser vistos y escuchados. Y, al ser vistos, tenemos la oportunidad de redefinir nuestra identidad, de exigir nuestros derechos, de transformar las estructuras que nos oprimen.

La lucha por la visibilidad es, por lo tanto, una lucha por la humanidad. Es un acto de resistencia, un acto de afirmación de nuestra existencia y de nuestra dignidad. Solo cuando todas las voces sean escuchadas, cuando todos los cuerpos sean vistos, cuando todas las historias sean contadas, podremos comenzar a imaginar un mundo verdaderamente justo, un mundo en el que la invisibilidad ya no sea una herramienta de opresión.

Capítulo 12: La Geografía del Desdén

El desdén, en su forma más cruel, no se limita a los gestos de desprecio o las palabras despectivas. Es un fenómeno mucho más profundo, que se infiltra en las estructuras sociales, políticas y económicas, creando barreras invisibles pero poderosas entre los "dignos" y los "indignos". A lo largo de la historia, el desdén ha sido un motor silencioso que ha perpetuado la desigualdad, y su geografía se extiende más allá de las fronteras físicas, cruzando continentes, clases sociales y culturas.

Para comprender la geografía del desdén, debemos mirar cómo se organiza el mundo. La segregación no solo es geográfica en un sentido literal, como en el caso de los barrios segregados, las favelas o los guetos. También es estructural y simbólica, manifestándose en la forma en que se distribuyen los recursos, en cómo se construyen las narrativas sobre ciertos grupos y en cómo se asignan o se niegan los derechos fundamentales a ciertos sectores de la población. Esta geografía no es estática, sino que está en constante cambio, adaptándose a las dinámicas del poder, pero siempre con el mismo objetivo: mantener las divisiones, reforzar las jerarquías y asegurar que aquellos en la base nunca puedan ascender.

En los Estados Unidos, por ejemplo, la historia del desdén racial está marcada por siglos de esclavitud, segregación y discriminación. Aunque la esclavitud fue abolida y las leyes de segregación fueron derogadas, las cicatrices de ese pasado siguen siendo visibles en la geografía urbana y rural del país. Las comunidades afroamericanas, especialmente en el sur, continúan viviendo en barrios empobrecidos, con acceso limitado a servicios de salud, educación y empleo. Las políticas de "redlining" —un sistema en el que los bancos y las instituciones financieras negaban préstamos hipotecarios a las personas negras en barrios de bajos recursos— crearon un mapa donde la pobreza y la exclusión se convirtieron en la norma para millones de personas.

Este desdén geográfico también se puede ver en el acceso a la educación. En muchos países, los niños de clases bajas, especialmente aquellos que pertenecen a minorías raciales o étnicas, se ven obligados a asistir a escuelas con recursos limitados, mientras que los niños de clases altas tienen acceso a una educación de calidad, con maestros capacitados, materiales modernos y un ambiente seguro. Esta separación no es accidental; es el resultado de decisiones políticas, de una historia de desdén hacia ciertos grupos que ha determinado dónde deben vivir, trabajar y aprender.

En el contexto global, la geografía del desdén se amplifica cuando se habla de las relaciones entre el Norte y el Sur global. Los países del Sur global, históricamente colonizados, siguen siendo vistos por muchos como los "menos desarrollados", mientras que el Norte global es considerado el modelo a seguir, el estándar de progreso. Este desdén se traduce en una distribución desigual de los recursos y el poder, donde los países del Sur no solo luchan por acceder a los mercados internacionales, sino que también deben lidiar con la deuda externa, el cambio climático, las intervenciones extranjeras y las políticas comerciales que perpetúan su dependencia.

El desdén también se refleja en la migración. Millones de personas en el Sur global huyen de la pobreza, la violencia y la guerra, buscando una vida mejor en el Norte. Sin embargo, en lugar de ser recibidos como seres humanos con derechos, muchos migrantes son tratados como invasores, como amenazas a la estabilidad de las naciones receptoras. Los muros, las políticas de detención y las leyes restrictivas de inmigración son parte de esta geografía del desdén, donde los cuerpos de los migrantes son marcados como no deseados, como menos dignos de protección y respeto.

La geografía del desdén no solo afecta a los individuos, sino que también tiene un impacto profundo en las naciones. La forma en que un país trata a los más vulnerables dentro de sus fronteras, la manera en que se relaciona con los países más pobres y la forma en que se distribuyen los recursos dentro de su propia sociedad son reflejos de cómo entiende su lugar en el mundo y a quién considera digno de atención y respeto. Esta geografía, entonces, no es solo una cuestión de mapas físicos; es una cuestión de quién se considera parte de la comunidad humana y quién queda fuera de ella.

Pero la geografía del desdén también tiene un potencial de transformación. Los movimientos sociales, tanto locales como globales, han comenzado a desafiar las fronteras de este desdén. En muchos lugares, las personas están construyendo nuevas geografías de solidaridad, en las que las comunidades se apoyan mutuamente, exigen justicia y luchan por la redistribución de los recursos. Los movimientos feministas, los movimientos de derechos civiles, los movimientos indígenas, los movimientos LGBTQ+ y muchos otros han comenzado a crear nuevas formas de geografía, en las que la dignidad y los derechos humanos son los principios fundamentales. Estas nuevas geografías son más inclusivas, más equitativas y más justas.

La tarea de los activistas y de aquellos que luchan por un mundo más justo es crear una geografía del respeto y la igualdad. Una geografía en la que la dignidad humana no dependa del lugar donde naciste, del color de tu piel o de tu estatus social. Una geografía en la que todos los seres humanos sean vistos como iguales, en la que las divisiones que el desdén ha creado sean desmanteladas y reemplazadas por un sentido de comunidad global, de interdependencia y de solidaridad.

Es un trabajo arduo, pero posible. El desdén no tiene que ser la geografía final del mundo. Podemos imaginar y construir nuevas geografías, donde las barreras sean derribadas y donde cada vida sea valorada por igual. Pero para hacerlo, debemos estar dispuestos a desafiar las estructuras que han creado y perpetuado esta geografía del desdén, a cuestionar los mitos que han mantenido estas divisiones y a luchar por un mundo en el que la justicia y la dignidad sean la norma, no la excepción.

Capítulo 13: La Estructura Silenciosa

A lo largo de la historia, las estructuras de poder han sido invisibles, o al menos no reconocidas como tales. La mayoría de las personas no son conscientes de las redes de control que regulan su vida diaria, ya que estas estructuras se presentan como "normales", como parte del orden natural del mundo. Sin embargo, bajo esta apariencia de normalidad, existen jerarquías invisibles que dictan quién tiene acceso a qué recursos, quién tiene derecho a ocupar ciertos espacios, y quién es digno de ser escuchado.

Estas estructuras, aunque invisibles a menudo, son el resultado de siglos de construcción, de decisiones políticas, económicas y sociales que han establecido una división jerárquica entre los que "merecen" y los que no. A menudo, estas divisiones se basan en factores como el color de la piel, la clase social, la nacionalidad, el género, o incluso la religión. Estas estructuras no solo se imponen a través de leyes y políticas explícitas, sino también a través de actitudes, creencias y normas sociales que refuerzan la idea de que algunas personas están destinadas a ser dominantes y otras a ser subordinadas.

El desdén que caracteriza estas estructuras se manifiesta de manera insidiosa, en la forma en que los grupos oprimidos son invisibilizados o tratados como si no fueran parte del cuerpo social. En muchas sociedades, el sistema de castas, de clases o de racismo no es solo una cuestión de diferencias económicas o sociales. Es una cuestión de deshumanización, de considerar a ciertos grupos como inferiores, como menos dignos de derechos o de acceso a una vida plena.

Un ejemplo claro de esta estructura silenciosa es el sistema de castas en la India. Aunque oficialmente abolido, el sistema sigue vivo en las prácticas sociales cotidianas, donde los Dalits, anteriormente conocidos como "intocables", siguen siendo marginados, segregados y oprimidos. Aunque las leyes han cambiado, las actitudes y las prácticas sociales han perdurado, manteniendo una división entre aquellos que tienen acceso a la dignidad y los que no. En muchos casos, esta división no es vista como algo que se deba cuestionar, sino como una parte natural del orden social.

En el contexto estadounidense, el desdén se manifiesta en el racismo sistémico, que va más allá de los actos individuales de odio o prejuicio. El racismo está arraigado en las estructuras sociales y políticas, desde el sistema de justicia penal hasta el acceso a la educación, la vivienda y la atención médica. Los negros y las personas de color no solo son objeto de discriminación, sino que se encuentran atrapados en un sistema que les niega las mismas oportunidades que a otros. Esto no es solo una cuestión de actitudes racistas, sino de una estructura más amplia que, a través de políticas y prácticas, asegura que ciertos grupos sigan siendo desfavorecidos.

El desdén también se encuentra en la estructura de la migración global. Los migrantes, especialmente aquellos que provienen de países empobrecidos, son tratados como seres de segunda clase, no solo por las políticas migratorias restrictivas, sino también por la forma en que se les percibe. A menudo, los migrantes son vistos como "invasores" o "cargas" para las naciones receptoras, aunque muchos de ellos huyen de condiciones de vida insoportables en sus países de origen. Esta visión despectiva de los migrantes está alimentada por una estructura que los considera menos humanos, menos merecedores de compasión o de una vida digna. Pero esta estructura no es algo inmutable. Si bien la jerarquía que crea el desdén puede parecer sólida e infranqueable, ha habido momentos a lo largo de la historia en los que los oprimidos han desafiado y derribado estas estructuras. Los movimientos de derechos civiles, las luchas feministas, los movimientos por los derechos de los trabajadores y muchos otros han demostrado que es posible cuestionar y desafiar estas jerarquías. Sin embargo, estos avances no han sido fáciles ni rápidos, y a menudo han sido seguidos de retrocesos. A pesar de estos desafíos, la lucha por desmantelar estas estructuras sigue siendo uno de los mayores movimientos de nuestra era. Es importante reconocer que la lucha no solo se libra en el ámbito de las políticas públicas, sino también en las esferas más personales y cotidianas. El desdén no solo se manifiesta en las grandes instituciones, sino también en las pequeñas interacciones diarias, en las actitudes y creencias que muchas veces damos por sentadas. Cada vez que se hace un chiste sobre una minoría, cada vez que se ignora a alguien debido a su origen o su clase social, se refuerza la estructura del desdén. Para cambiar el sistema, debemos cambiar estas actitudes a nivel personal, cuestionar las normas que nos han enseñado y, lo más importante, reconocer que cada uno de nosotros tiene un papel en la creación de una sociedad más equitativa.

El desdén no es solo una cuestión de pobreza o exclusión social. Es una cuestión de dignidad humana, de reconocer que todas las personas, independientemente de su origen, su raza, su género o su clase social, tienen el derecho de vivir una vida plena y respetada. Si logramos entender que el desdén es una construcción social, que puede ser desmantelada, podemos comenzar a imaginar un mundo donde la dignidad de todos sea reconocida y valorada por igual.

La lucha por la dignidad es, por lo tanto, una lucha estructural. Es una lucha que debe ir más allá de las reformas superficiales y tocar las raíces profundas de las jerarquías sociales. Y aunque este trabajo es arduo y desafiante, también es posible. En la medida en que cada uno de nosotros reconozca el desdén que existe a su alrededor y se comprometa a desmantelarlo, estaremos construyendo las bases para una sociedad más justa y equitativa.

CAPÍTULO 14: EL MANTO *Invisible del Poder*

En el entramado de nuestras sociedades, el poder no siempre se ve, pero siempre está presente. A menudo se disfraza bajo capas de normas, expectativas y tradiciones que nos enseñan a aceptarlo sin cuestionarlo. Este poder, invisible a los ojos, se convierte en una fuerza dominante que organiza nuestras vidas de maneras que ni siquiera reconocemos. Es un manto invisible que cubre todo lo que hacemos, desde las decisiones más cotidianas hasta los movimientos más estratégicos de las instituciones que nos gobiernan.

El poder no solo reside en los gobiernos, las élites económicas o las corporaciones; está presente en cada interacción social, en cada dinámica que definimos como "normal". Es el poder que define quién tiene voz y quién está silenciado, quién es visible y quién permanece en las sombras. En una sociedad donde las jerarquías de castas, clases o razas siguen siendo una realidad, el poder no es solo una cuestión de acceso a recursos o privilegios materiales, sino de control sobre la narrativa misma.

Este poder, tan sutil como opresivo, actúa a través de las historias que contamos y las que no contamos. En el contexto de las castas en la India, por ejemplo, el sistema no solo ha dividido a las personas en grupos jerárquicos, sino que ha impuesto una narrativa de "naturaleza" a esas divisiones. Se ha creado una historia que justifica el trato desigual, que convierte la discriminación en una "ley natural", un poder que se perpetúa al ser aceptado como algo inmutable. Sin embargo, esta narrativa no es la única posible. La lucha de los Dalits y otros grupos oprimidos ha sido, y sigue siendo, una batalla por reescribir esa historia, por arrancar el manto invisible del poder y mostrar la verdadera naturaleza de la injusticia que se esconde detrás de él.

De manera similar, en Estados Unidos, la historia de la supremacía blanca ha sido tejida a lo largo de los siglos, sustentada por un poder invisible que se manifiesta en la segregación, la discriminación racial y la violencia. Esta narrativa ha sido tan profundamente integrada en las estructuras sociales que a menudo se da por sentada. Pero, al igual que en India, las voces de aquellos que han sido oprimidos han comenzado a desafiar esa narrativa, a cuestionar la legitimidad del poder invisible que la sustenta. El movimiento por los derechos civiles, las protestas por Black Lives Matter, y las luchas de las comunidades de color son esfuerzos continuos por desmantelar las estructuras de poder que perpetúan la desigualdad racial.

El poder invisible también se manifiesta en las dinámicas de género. Durante siglos, el patriarcado ha operado de manera invisible, definiendo las expectativas sobre lo que significa ser hombre o mujer, limitando las oportunidades y derechos de las mujeres, y justificando la opresión bajo la premisa de la "naturaleza". Al igual que las castas o el racismo, este poder no es algo que se vea de manera directa, pero se encuentra profundamente enraizado en las instituciones, las leyes, y las relaciones interpersonales. Las mujeres han luchado durante generaciones para desmantelar este poder invisible, cuestionando las narrativas que los han subyugado y exigiendo igualdad en todos los aspectos de la vida.

Este manto invisible del poder no solo es un factor que divide a las sociedades, sino que también las limita. Al mantener las jerarquías, las estructuras de poder impiden el desarrollo pleno de los individuos y las comunidades. El poder no solo destruye a los oprimidos, sino que también deshumaniza a los opresores. Les niega la capacidad de ver a los demás como iguales, de reconocer su humanidad compartida. La opresión es una carga para todos, no solo para aquellos que la sufren directamente.

La resistencia contra este poder invisible, entonces, no es solo una lucha por los derechos de los oprimidos, sino también por la liberación de los opresores. Al desmantelar las jerarquías que sostienen estas estructuras de poder, estamos creando un mundo donde todos tienen la posibilidad de alcanzar su potencial sin ser limitados por las barreras impuestas por la raza, el género o la clase. Al liberar a los oprimidos, también estamos liberando a los opresores de las cadenas invisibles que los mantienen atrapados en una visión distorsionada del mundo.

La lucha por la justicia social, por la igualdad y la dignidad humana, es una lucha contra el manto invisible del poder. Es una lucha por visibilizar lo que ha sido ocultado, por dar voz a los que han sido silenciados, y por reescribir las narrativas que nos dividen. A medida que este poder invisible es desmantelado, no solo se crea un mundo más justo, sino también uno más humano. Al reconocer la humanidad compartida de todos, independientemente de su raza, género o clase, estamos construyendo una sociedad en la que todos puedan florecer.

En este proceso de desmantelar las jerarquías y el poder invisible, hay un cambio fundamental que ocurre. Las personas comienzan a verse a sí mismas no como individuos aislados, atrapados en sus propias luchas, sino como parte de una comunidad global que comparte los mismos deseos de justicia, dignidad y libertad. Este cambio de perspectiva es lo que finalmente permite la creación de una sociedad verdaderamente inclusiva, una sociedad en la que el poder ya no está oculto en las sombras, sino que es accesible para todos.

El manto invisible del poder ha sido una fuerza que ha moldeado el mundo tal como lo conocemos. Pero, como todas las estructuras de poder basadas en la injusticia, es inevitablemente insostenible. Al desafiarlo, estamos avanzando hacia un futuro donde la verdadera igualdad y libertad no sean solo aspiraciones, sino realidades alcanzables.

Capítulo 15: El Precio de la Invisibilidad

Una de las características más inquietantes de las estructuras de desdén es la forma en que invisibilizan a quienes son afectados por ellas. En muchos casos, aquellos que están en la base de estas jerarquías no solo son despojados de poder, sino que también son despojados de su humanidad, de su visibilidad. No se les ve, no se les escucha, y, en consecuencia, se les niega la capacidad de influir en su propio destino.

En sociedades profundamente estratificadas, como la India, Estados Unidos, y muchas otras, la invisibilidad se convierte en una herramienta de control. Al negarles a ciertos grupos el reconocimiento, se les despoja de la agencia para actuar sobre sus propias vidas. Esta invisibilidad no es solo una falta de atención o reconocimiento; es una forma de silenciar a las voces disidentes, de hacer que ciertos sectores de la sociedad sean tan marginales que su sufrimiento no se cuenta, su dolor no se siente.

La invisibilidad de los Dalits en India es un ejemplo claro de cómo funciona este proceso. A pesar de que la Constitución de la India prohíbe la discriminación basada en el sistema de castas, los Dalits siguen siendo tratados como personas de segunda clase, relegados a los márgenes de la sociedad. Son invisibles en muchos sentidos: sus voces son silenciadas, sus historias no se cuentan, y sus luchas por la justicia no se reconocen en el discurso público. Este proceso de invisibilización no solo afecta a los Dalits, sino que también afecta a todas las personas que viven en un sistema que permite que estas jerarquías persistan. La invisibilidad es un mecanismo de control, una forma de mantener el status quo sin que las injusticias sean vistas.

En Estados Unidos, el racismo sistémico funciona de manera similar. Aunque el país ha pasado por un largo proceso de descolonización y lucha por los derechos civiles, la realidad es que los negros y otras personas de color siguen siendo invisibilizados en muchos aspectos de la vida cotidiana. A menudo, los problemas que afectan a estas comunidades, como la brutalidad policial, la pobreza, y la falta de acceso a servicios de calidad, no son reconocidos como problemas estructurales. En lugar de ser vistos como resultados de un sistema racista, son percibidos como fallos individuales o como problemas aislados. Esta invisibilidad hace que las luchas de estas comunidades no sean tomadas en serio, lo que perpetúa aún más la desigualdad. El racismo no es solo un conjunto de actitudes individuales, sino una estructura que permite la opresión de ciertos grupos. En lugar de ver el racismo como un problema de unas pocas personas malas, debemos entenderlo como una cuestión estructural, un sistema que está diseñado para invisibilizar y despojar a las personas de color de su dignidad y su voz. La invisibilidad es el precio que pagan por vivir en una sociedad que, aunque avance en algunos aspectos, sigue siendo profundamente desigual.

La invisibilidad no solo se limita a las castas o a la raza. Las mujeres, en muchas culturas, han sido invisibilizadas a lo largo de la historia. En muchas sociedades patriarcales, las mujeres no solo han sido tratadas como inferiores, sino que han sido silenciadas y excluidas de los espacios de poder. En el mundo laboral, por ejemplo, las mujeres a menudo tienen que luchar para ser reconocidas y respetadas. En el ámbito político, las mujeres han tenido que luchar por su derecho al voto, por su derecho a participar en la toma de decisiones. Aunque las mujeres han logrado importantes avances en muchas partes del mundo, siguen siendo invisibilizadas en muchos contextos, desde la cultura popular hasta los círculos de poder.

Esta invisibilidad tiene un costo muy alto. No solo afecta la vida de las personas invisibilizadas, sino que también afecta a toda la sociedad. Cuando se silencia a un grupo, se pierden sus ideas, sus perspectivas, y sus contribuciones. Una sociedad que permite la invisibilidad de ciertos grupos está condenada a perder la riqueza que proviene de la diversidad. Al negar la voz de las mujeres, de los migrantes, de los pobres, de los racializados, la sociedad se priva de la posibilidad de enriquecerse con nuevas ideas, de innovar, de crecer.

El costo de la invisibilidad no es solo moral, sino económico y social. Las sociedades que permiten la invisibilidad de ciertos grupos no solo perpetúan la injusticia, sino que también limitan su propio potencial. Cuanto más inclusivas y visibles sean las personas, más fuertes y más justas serán las sociedades.

Para erradicar la invisibilidad, es necesario primero reconocerla. Es necesario ver a aquellos que han sido históricamente silenciados y escuchar sus historias. Debemos ser conscientes de cómo las estructuras de poder invisibilidad a ciertos grupos y cuestionar las narrativas que nos han enseñado. No se trata solo de cambiar las políticas o las leyes, sino de cambiar las actitudes, de transformar la manera en que nos vemos los unos a los otros. En el proceso de visibilizar a los grupos oprimidos, debemos reconocer que esto no se trata solo de un acto de justicia, sino de un acto de humanización. Al ver a los demás, al reconocer su humanidad, estamos también reconociendo nuestra propia humanidad. La lucha por la visibilidad es una lucha por la dignidad humana, una lucha por un mundo en el que todos tengamos el derecho de ser vistos y escuchados.

Capítulo 16: La Estructura Silenciosa

Las estructuras sociales que surgieron hace siglos no han desaparecido con el tiempo. Más bien, han dejado una marca indeleble en la forma en que las sociedades modernas se estructuran, influenciando las oportunidades, las relaciones y las aspiraciones de generaciones enteras. Las castas, como sistema de estratificación social, han sido históricamente más que una simple división entre ricos y pobres o entre etnias y razas. Son una construcción social profundamente arraigada que ha sido moldeada por siglos de historia y que sigue repercutiendo en el presente, definiendo el futuro de las comunidades y de las naciones.

En India, el sistema de castas, aunque oficialmente abolido, sigue estando presente en las relaciones cotidianas. Las generaciones de personas nacidas dentro de una casta baja siguen luchando contra la discriminación y la exclusión, incluso cuando las leyes del país proclaman la igualdad. Los dalits, a pesar de ser reconocidos legalmente como iguales, a menudo enfrentan obstáculos insuperables para acceder a la educación, la atención médica y los empleos bien remunerados. La historia de la segregación de las castas sigue influyendo en la forma en que los dalits son tratados hoy, creando un ciclo de pobreza y marginación que se perpetúa a lo largo del tiempo.

Lo mismo ocurre en muchos otros contextos alrededor del mundo. En Estados Unidos, el legado de la esclavitud y la segregación racial sigue presente en las disparidades económicas, la violencia policial y las oportunidades educativas. Las comunidades afroamericanas, a pesar de los avances legales y los movimientos de derechos civiles, siguen enfrentando obstáculos debido a la discriminación sistémica. La "caste" racial en América, aunque no se articula de la misma manera que en India, sigue operando como una estructura invisible que marca la vida de las personas de color, limitando su acceso a recursos y oportunidades. La historia de la opresión sigue siendo una sombra que se proyecta sobre las generaciones actuales.

En América Latina, las jerarquías sociales siguen estando profundamente marcadas por la historia colonial. Las poblaciones indígenas y afrodescendientes, aunque en muchos casos constituyen una parte significativa de la población, continúan enfrentando una marginalización estructural. La riqueza y el poder se concentran en las élites, mientras que los grupos históricamente oprimidos siguen luchando por sus derechos y por una distribución más equitativa de los recursos. Esta división, nacida de las jerarquías coloniales, sigue afectando a las generaciones actuales, creando una brecha de desigualdad que es difícil de cerrar.

Lo que estas realidades comparten es que las estructuras sociales del pasado no han desaparecido. Han evolucionado, sí, pero continúan existiendo en nuevas formas, a menudo más sutiles pero igualmente dañinas. La segregación y la exclusión social no siempre son evidentes a simple vista, pero están presentes en las políticas públicas, en las prácticas empresariales y en las relaciones interpersonales. Estas jerarquías históricas no solo han dejado cicatrices profundas, sino que también han dado forma a la manera en que las sociedades actuales operan, afectando la forma en que las personas interactúan, se perciben y se valoran entre sí. La perpetuación de estas estructuras a través del tiempo es un testimonio del poder de la historia para definir el futuro. Las jerarquías sociales no se disipan simplemente con la promulgación de leyes que las prohíben. Son profundas, y su influencia se transmite de generación en generación. En muchos casos, las víctimas de estas jerarquías se ven atrapadas en un ciclo de pobreza, falta de acceso a recursos y discriminación, mientras que los beneficiarios continúan acumulando poder y riqueza, a menudo sin ser conscientes de los privilegios que disfrutan debido a este sistema heredado.

Para entender cómo las castas siguen definiendo el futuro, es crucial reconocer que no son sólo vestigios del pasado. Son sistemas vivos que operan en el presente, aunque a menudo de manera más oculta y sutil. La forma en que las sociedades contemporáneas están organizadas, cómo se distribuyen los recursos y cómo se valoran las vidas humanas, está profundamente influenciada por estas estructuras históricas. Las castas, en su manifestación moderna, son un reflejo de cómo el pasado sigue modelando el futuro.

Es necesario un esfuerzo colectivo para reconocer estas estructuras y desmantelarlas. Solo entonces podremos liberar a las generaciones futuras de la carga de la historia, permitiéndoles construir un futuro más justo y equitativo. Esto implica no solo cambiar las leyes, sino también cambiar las actitudes y las percepciones sociales, desafiando las jerarquías que aún nos dividen. La lucha por la justicia social es, en última instancia, una lucha contra las sombras del pasado, una lucha por un futuro en el que todos, sin importar su origen o estatus, puedan tener la oportunidad de prosperar.

Capítulo 17: La Fragilidad de la Jerarquía

En las sociedades que operan bajo un sistema de castas o jerarquías estructuradas, las divisiones no son solo una cuestión de clases sociales, sino que están profundamente entrelazadas con las percepciones de poder, valor y humanidad. Lo que a menudo no se entiende es que, aunque estas jerarquías pueden parecer estables o incluso naturales para quienes se benefician de ellas, en realidad son extremadamente frágiles. La razón de su fragilidad no radica solo en las injusticias inherentes a las mismas, sino en su incapacidad para adaptarse a las dinámicas sociales y humanas cambiantes. En el contexto de las castas en India, por ejemplo, el sistema de castas fue diseñado como una estructura rígida, donde cada individuo nacía en una posición preestablecida y se esperaba que permaneciera allí durante toda su vida. Sin embargo, a pesar de su longevidad y aparente solidez, este sistema ha sido constantemente desafiado por las demandas de justicia, igualdad y movilidad social. A lo largo de los años, la lucha de los Dalits por el reconocimiento y la dignidad ha revelado las grietas en este sistema, mostrando que, aunque se intenten perpetuar las jerarquías, la humanidad de las personas no puede ser completamente contenida o limitada por estas divisiones arbitrarias. Lo mismo ocurre en otras sociedades que han adoptado jerarquías estructurales basadas en la raza, el género o la clase social. En Estados Unidos, el sistema racial que históricamente ha marginado a las comunidades negras y otras personas de color ha sido visto por algunos como una estructura natural e inamovible. Sin embargo, el movimiento por los derechos civiles y las luchas actuales contra el racismo han demostrado que, a pesar de los esfuerzos por mantener el status quo, las estructuras de poder y control basadas en la raza son insostenibles a largo plazo. La historia ha mostrado que cuando los oprimidos se organizan y exigen sus derechos, estas jerarquías empiezan a tambalear. Lo que a menudo no se ve es que estas estructuras jerárquicas no solo son frágiles por las luchas de los grupos oprimidos, sino porque también dependen de la cooperación pasiva de aquellos que están en la parte superior de la jerarquía. La fragilidad de estas estructuras se manifiesta cuando los privilegios que disfrutan las élites se ven cuestionados o amenazados, ya sea por el cambio social, la redistribución del poder o la revalorización de la humanidad compartida entre todos los individuos. En última instancia, estas jerarquías se basan en la aceptación tácita de que algunos son "más humanos" que otros, una idea profundamente deshumanizante que, al ser desafiada, socava toda la estructura. Por ejemplo, la resistencia de los trabajadores y las comunidades marginalizadas frente a los sistemas económicos y sociales que los explotan es una prueba de esta fragilidad. En el caso de los movimientos sindicales en todo el mundo, se ha visto que cuando los trabajadores se unen y exigen condiciones laborales más justas, el sistema que parecía sólido y establecido comienza a ceder. Esto es un reflejo de cómo las jerarquías, aunque puedan parecer implacables, son inherentemente inestables y dependen de una estructura de poder que se puede alterar a través de la acción colectiva.

En muchos sentidos, la fragilidad de estas jerarquías se debe a que están construidas sobre una mentira fundamental: la idea de que las personas son inherentemente desiguales y que algunos merecen más derechos y oportunidades que otros. Esta falacia se desmorona cuando las personas comienzan a cuestionar la legitimidad de esas divisiones y a reconocer que todos comparten una humanidad común. En cuanto más personas se dan cuenta de esto, más difícil se vuelve mantener las estructuras jerárquicas.

Las jerarquías son como castillos de arena que, aunque pueden parecer firmes durante un tiempo, están condenadas a derrumbarse cuando las olas del cambio social, político y económico comienzan a golpearlas. La fragilidad de estas estructuras no es un error en su diseño; es una consecuencia inevitable de su naturaleza injusta. A medida que las personas de todos los sectores de la sociedad comienzan a reconocer la falacia de estas divisiones, las jerarquías pierden su poder. Lo que una vez fue considerado como una verdad inmutable se convierte en un sistema obsoleto que ya no puede sostenerse. A medida que se desmantelan estas estructuras jerárquicas, las personas que alguna vez fueron invisibilizadas y subyugadas comienzan a recuperar su voz, su poder y su humanidad. La lucha por la igualdad no es solo una lucha por la justicia social, sino una lucha por la humanidad misma. Al desafiar las jerarquías, estamos afirmando nuestra dignidad como seres humanos, recordándonos a nosotros mismos que todos somos iguales, que nuestras diferencias no nos hacen menos, sino que enriquecen la humanidad en su conjunto.

La fragilidad de las jerarquías también se refleja en la historia de las mujeres. Durante siglos, las sociedades patriarcales han relegado a las mujeres a un papel secundario, pero las luchas feministas a lo largo del tiempo han demostrado que este sistema es insostenible. Las mujeres, al igual que cualquier otro grupo oprimido, tienen derecho a la igualdad y a la participación plena en la sociedad. A medida que las mujeres han ganado terreno en la lucha por sus derechos, el sistema patriarcal ha comenzado a desmoronarse, revelando la fragilidad de una estructura que se basaba en la opresión.

La fragilidad de las jerarquías es una llamada de atención. Nos recuerda que, aunque las estructuras de poder pueden parecer sólidas y permanentes, son inherentemente inestables. Las jerarquías que nos dividen, que nos oprimen y que nos deshumanizan, son sistemas que están condenados a caer. La pregunta es: ¿cuánto tiempo más permitiremos que persistan? ¿Cuánto más vamos a permitir que la injusticia se perpetúe?

Este es el momento de cuestionar y desafiar las jerarquías que nos separan. Es el momento de reconocer la fragilidad de estos sistemas y de luchar por un mundo más justo, más humano y más igualitario. Al hacerlo, no solo estamos desmantelando las estructuras de poder, sino también reafirmando nuestra propia humanidad.

Capítulo 18: El desmantelamiento de las jerarquías: Estrategias para el cambio

El desafío de desmantelar las jerarquías sociales profundamente arraigadas es una tarea monumental, pero no imposible. Para hacerlo, necesitamos tanto un enfoque individual como colectivo. La lucha por la igualdad y la justicia social no solo involucra políticas públicas o movimientos masivos; también requiere un cambio en la conciencia personal, en las actitudes y en las interacciones diarias. Desafiar y derribar las divisiones que separan a las personas en función de su raza, clase, casta o cualquier otra categoría de opresión es un proceso complejo que exige un compromiso profundo con la equidad, la empatía y la solidaridad.

Acciones individuales

A nivel personal, el primer paso es reconocer que, aunque no siempre somos responsables directos de las jerarquías que existen, sí somos parte de ellas. Como individuos, debemos cuestionar nuestras propias creencias, prejuicios y actitudes, y hacer un esfuerzo consciente para transformarlas. Este proceso de autoexamen es esencial, ya que la opresión no solo se perpetúa a través de sistemas estructurales, sino también a través de nuestras propias acciones y decisiones diarias. Una de las formas más poderosas de desmantelar las jerarquías es a través de la empatía. Al ponernos en el lugar del otro, al escuchar y entender las experiencias de aquellos que han sido marginados, podemos empezar a desafiar las narrativas que nos dividen. La empatía nos permite reconocer la humanidad común que compartimos, independientemente de las diferencias superficiales que nos separan. Esto no solo se trata de simpatizar con los demás, sino de actuar en consecuencia, apoyando activamente la lucha por la justicia y la igualdad.

El cuestionamiento de las normas sociales y culturales también es fundamental. Las jerarquías están cimentadas en las tradiciones, creencias y normas que hemos heredado, muchas de las cuales refuerzan la división. Romper con estas tradiciones, cuando son injustas, requiere valentía y un compromiso con la verdad. Debemos desafiar las estructuras de poder que perpetúan la desigualdad, ya sea en nuestras comunidades, en el lugar de trabajo, en la escuela o en las políticas gubernamentales.

⎯⎯⎯◉⎯⎯⎯

SIN EMBARGO, EL CAMBIO individual, por más importante que sea, no será suficiente para desmantelar las jerarquías. Es necesario un esfuerzo colectivo para abordar las raíces profundas de la opresión y construir un futuro más inclusivo y justo. Las estrategias colectivas deben ser multidimensionales, abordando tanto las políticas como las prácticas sociales y culturales que sostienen las divisiones.

La organización colectiva es uno de los métodos más efectivos para desafiar las jerarquías. Movimientos sociales, sindicatos, grupos de derechos civiles y organizaciones comunitarias han sido fundamentales en la lucha por la igualdad y la justicia a lo largo de la historia. Estos movimientos no solo buscan cambiar las leyes, sino también transformar las actitudes y comportamientos de la sociedad en general. La solidaridad es clave en este proceso. Las alianzas entre diferentes grupos oprimidos, como las comunidades afrodescendientes, indígenas, las mujeres, la comunidad LGBTQ+ y otros, son esenciales para construir una fuerza de cambio que pueda desafiar las estructuras de poder existentes. Además, las políticas públicas juegan un papel crucial en el desmantelamiento de las jerarquías. Esto incluye la creación de leyes que promuevan la igualdad de oportunidades, la educación inclusiva, el acceso a la salud y la vivienda, y la justicia económica. Las políticas de acción afirmativa, la eliminación de leyes discriminatorias y la promoción de la diversidad y la inclusión en todos los niveles son pasos esenciales para reducir las brechas de poder y oportunidad.

Otro aspecto fundamental del cambio colectivo es la educación. La educación no solo debe enfocarse en la transmisión de conocimientos académicos, sino también en la formación de una conciencia crítica que permita a los individuos cuestionar las estructuras de poder que perpetúan la opresión. La enseñanza de la historia de las castas, del racismo, del colonialismo y de las luchas por la justicia social es esencial para que las nuevas generaciones comprendan cómo se han construido las divisiones y cómo pueden ser derribadas. Uno de los elementos más poderosos para desmantelar las jerarquías es cambiar la narrativa dominante. Las historias que contamos sobre nosotros mismos, sobre los demás y sobre el mundo son fundamentales para mantener las divisiones sociales. Las representaciones de los grupos oprimidos en los medios de comunicación, en la política y en la cultura popular contribuyen a la forma en que los vemos y nos vemos. Desafiar las narrativas que refuerzan los estereotipos, la discriminación y la exclusión es un paso vital para crear una sociedad más equitativa.

Esto implica promover historias de empoderamiento, resistencia y solidaridad. Necesitamos visibilizar las experiencias y luchas de aquellos que han sido históricamente oprimidos, dándoles un espacio en los medios de comunicación, en el arte, en la literatura y en la política. También es crucial cuestionar las narrativas que perpetúan el miedo, el odio y la división, y en su lugar, promover historias de unidad, compasión y justicia. El lenguaje es una herramienta poderosa en la construcción de jerarquías sociales. Las palabras que usamos pueden reforzar o desafiar las divisiones. Por ejemplo, términos como "inferior", "superior", "nosotros" frente a "ellos" son fundamentales en la construcción de las castas y el racismo. Cambiar el lenguaje, utilizar términos más inclusivos y precisos, puede ser un primer paso para cambiar las actitudes y comportamientos sociales.

Capítulo 19: La lucha invisible: Resistiendo el sistema de castas

A menudo, las luchas más significativas son las que no se ven. Son las luchas invisibles, las que ocurren fuera del radar de la sociedad, pero que, sin embargo, definen y moldean nuestras vidas. Estas luchas son las que enfrentan aquellos que resisten los sistemas de opresión, de discriminación, de jerarquías invisibles que nos gobiernan, sin que muchos se den cuenta de su existencia. Aunque el sistema de castas puede parecer algo del pasado o algo lejano, sigue operando, adaptado y oculto en las estructuras sociales de todo el mundo. Desde las comunidades más marginadas en India hasta los barrios de los afrodescendientes en América Latina, pasando por las poblaciones indígenas en el norte de América y las comunidades gitanas en Europa, las luchas invisibles continúan. Y a pesar de que no siempre son visibles a simple vista, están allí, resistiendo y desafiando la jerarquía de las castas, un sistema que sigue siendo el pilar de la desigualdad.

La resistencia no siempre es una batalla que se libra en las calles o en las plazas públicas, aunque esas luchas también son fundamentales. Muchas veces, la resistencia se libra en los corazones y las mentes de aquellos que se niegan a aceptar el status quo, que se niegan a ser definidos por su lugar en la jerarquía social. Esta resistencia es silenciosa, persistente y, sobre todo, profunda. Son las personas que se levantan cada día para desafiar las expectativas de la sociedad, para luchar por un futuro en el que la opresión no sea una norma aceptada.

Los testimonios de aquellos que han resistido y continúan resistiendo los sistemas de castas son poderosos. A menudo, estos testimonios no se escuchan en los medios de comunicación principales, pero resuenan en los pasillos de las comunidades, en las conversaciones de los pueblos y en las voces de los líderes que se niegan a callar. Cada testimonio es una historia de resistencia, de lucha por la dignidad y la justicia. Son historias de personas que han sido consideradas "inferiores", "invisibles" o "no dignas" por la sociedad, pero que han encontrado formas de desafiar y derribar las barreras que intentan ponerles.

En India, por ejemplo, las comunidades dalits han sido históricamente relegadas a los peldaños más bajos del sistema de castas. Sin embargo, a pesar de la opresión sistemática, han resistido de muchas maneras. Desde los movimientos liderados por figuras como B.R. Ambedkar, hasta las protestas de los jóvenes dalits que exigen una educación y un empleo equitativos, la resistencia ha sido una constante. Las historias de resistencia de los dalits no solo se cuentan en términos de victorias legales, sino también en términos de cambio cultural. La lucha por la dignidad, por la humanidad, sigue viva en cada manifestación, en cada grito de justicia.

De manera similar, en América Latina, las comunidades indígenas han resistido durante siglos a la opresión de las castas coloniales. Desde los pueblos originarios de México, hasta las comunidades mapuche en Chile y Argentina, estas resistencias han desafiado tanto a los sistemas coloniales como a los gobiernos modernos que aún mantienen estructuras jerárquicas de poder. El levantamiento indígena, la recuperación de tierras y la lucha por el reconocimiento de los derechos culturales y territoriales son ejemplos claros de cómo la resistencia se entrelaza con la identidad y la

Movimientos de resistencia contemporáneos

Hoy en día, los movimientos de resistencia contra el sistema de castas no se limitan a las comunidades tradicionales que históricamente han estado oprimidas. Los movimientos contemporáneos incluyen a las comunidades afrodescendientes, a los pueblos gitanos, a los refugiados, a los migrantes y a otros grupos que luchan contra la discriminación y las jerarquías invisibles que siguen operando en todo el mundo. Estos movimientos no solo están luchando contra la opresión estructural, sino también contra la invisibilidad de sus luchas. La lucha por la igualdad no es solo una cuestión de derechos civiles, sino también de reconocimiento y visibilidad. Uno de los ejemplos más significativos de estos movimientos es el movimiento Black Lives Matter en Estados Unidos, que ha desafiado la violencia racial y el racismo sistémico, pero también ha cuestionado las jerarquías invisibles que perpetúan la desigualdad. El movimiento no solo busca la justicia para aquellos que han sido víctimas de la brutalidad policial, sino también una transformación cultural que desafíe la forma en que la sociedad percibe y trata a las personas negras. En Europa, el movimiento de los gitanos y los pueblos romaníes ha sido igualmente crucial. Estos pueblos han sido históricamente marginados, estigmatizados y relegados a las periferias de la sociedad. Sin embargo, a través de su resistencia, han logrado visibilizar su lucha y desafiar las estructuras que los han oprimido durante siglos. En lugares como Rumanía, Serbia y Hungría, los gitanos están luchando por sus derechos, por la inclusión y por una vida digna. Resistencia silenciosa, pero poderosa

Es importante reconocer que no toda resistencia es ruidosa ni pública. A menudo, las luchas más poderosas son aquellas que se libran en silencio, en los hogares, en las familias y en las comunidades más pequeñas. Son las personas que, día tras día, desafían las expectativas impuestas por la sociedad. Son los padres que enseñan a sus hijos a valorar su cultura y su historia, a pesar de los intentos de borrarlas. Son los educadores que trabajan incansablemente para proporcionar una educación inclusiva y equitativa a aquellos que han sido históricamente excluidos. Son los artistas que crean obras que cuestionan las narrativas dominantes y muestran las realidades de la opresión y la resistencia.

"La educación es la llave que abre las puertas de la igualdad. En India, las cuotas de reserva para castas desfavorecidas, como los Dalits, han permitido que millones accedan a oportunidades impensables hace décadas. En Estados Unidos, programas de integración escolar como los impulsados por el caso Brown v. Board of Education han intentado derribar barreras invisibles al reunir a personas de diferentes orígenes. Estas políticas no solo ofrecen conocimiento, sino que desmantelan jerarquías profundamente arraigadas.

La legislación también ha jugado un papel crucial. La Ley de Prohibición de la Limpieza Manual en India, promulgada en 2013, intenta erradicar una de las formas más degradantes de trabajo asignado a los Dalits. En Estados Unidos, la Ley de Derechos Civiles de 1964 fue un paso transformador para garantizar derechos básicos a comunidades históricamente marginadas. Estas leyes no solo buscan justicia, sino que envían un mensaje poderoso: la equidad no es un ideal inalcanzable, sino un derecho fundamental.

Sin embargo, el cambio no depende únicamente de los gobiernos. Las comunidades tienen el poder de reconfigurar estructuras enteras. Desde las calles de Ferguson, donde surgió el movimiento Black Lives Matter, hasta los pueblos rurales de Uttar Pradesh, donde los Dalits lideran iniciativas de autodefensa, el activismo local demuestra que la resistencia comienza en casa y que cada acción cuenta."

Capítulo 20: El Futuro de la Justicia Social: Un Llamado a la Acción

En el horizonte de nuestras sociedades, se vislumbra una oportunidad: la posibilidad de crear un futuro donde la justicia social no sea solo un ideal, sino una realidad vivida. Este futuro no llegará por sí solo. No será suficiente con esperar a que las estructuras de poder caigan por su propio peso; será necesario un esfuerzo consciente y colectivo para desmantelar las jerarquías que nos dividen. La lucha por la justicia social es una batalla continua, pero es también una batalla que puede ser ganada, si somos capaces de mirar más allá de nuestras diferencias y reconocer la humanidad compartida que nos une.

La justicia social no se logra únicamente a través de leyes o reformas políticas. Aunque son necesarias, las leyes por sí solas no cambian las mentalidades, no transforman las estructuras sociales profundamente enraizadas. La verdadera justicia social comienza en la conciencia colectiva, en el reconocimiento de que nuestras vidas están entrelazadas de formas que van más allá de las categorías de raza, clase o género. Solo cuando entendemos que nuestras luchas son interdependientes, que la opresión de uno es la opresión de todos, podemos comenzar a imaginar un mundo verdaderamente inclusivo.

Para que este cambio ocurra, necesitamos un cambio en la narrativa. Las historias que hemos contado sobre nosotros mismos, sobre el "otro", sobre la historia misma, han sido moldeadas por siglos de dominación y control. Estas narrativas han justificado la desigualdad, el racismo, el patriarcado, y las castas. Si queremos un futuro de justicia, debemos reescribir estas historias. Necesitamos una nueva narrativa que celebre la diversidad, que reconozca las experiencias de aquellos que han sido silenciados, y que nos una en nuestra humanidad compartida.

Este cambio de narrativa no solo es necesario en la sociedad, sino también en el interior de cada uno de nosotros. Debemos cuestionar las ideas que hemos internalizado sobre nuestra propia valía y la de los demás. El racismo, el sexismo, la xenofobia y otras formas de opresión no son solo estructuras externas, sino que también son creencias que hemos aprendido y que debemos desaprender. Esto requiere una reflexión profunda, una disposición a mirar nuestras propias vidas y reconocer los prejuicios que hemos heredado, conscientes o no, de las estructuras de poder que nos rodean. Pero, ¿cómo comenzamos? La acción comienza con la educación. Debemos enseñar a las futuras generaciones a ver más allá de las etiquetas y las divisiones. La educación debe ser un vehículo para la justicia social, no solo para la transmisión de conocimiento, sino para el desarrollo de la empatía, la solidaridad y el compromiso con la igualdad. Debemos enseñarles a cuestionar las estructuras de poder y a entender que la lucha por la justicia no es una lucha de unos pocos, sino una causa que nos pertenece a todos.

Además, debemos fomentar la acción colectiva. Ninguna lucha por la justicia social puede ser ganada por un solo individuo o un solo grupo. La transformación de nuestras sociedades requiere la participación activa de todos. Esto implica crear alianzas entre comunidades, construir redes de apoyo y solidaridad que cruzan fronteras y que reconocen que nuestras luchas son globales. El cambio no ocurrirá de manera aislada; será necesario un esfuerzo global para derribar las barreras que nos separan.

El futuro de la justicia social también depende de nuestra capacidad para reconocer que no hay un "otro" al que debamos temer o excluir. La justicia no es solo un concepto abstracto, sino algo que se vive en las relaciones cotidianas. Cada interacción, cada conversación, cada acto de solidaridad es una oportunidad para construir un mundo más justo. Si podemos aprender a ver a los demás no como rivales, sino como compañeros de lucha, estaremos más cerca de un futuro en el que la justicia social no sea solo un sueño, sino una realidad tangible.

El camino hacia este futuro será difícil, lleno de obstáculos y resistencias. Pero cada paso que damos hacia la igualdad, cada acción que tomamos para desafiar las estructuras de poder que perpetúan la opresión, es un paso hacia un mundo mejor. La justicia social no es un destino, sino un proceso, una práctica constante de cuestionar, desafiar y transformar.

En última instancia, el futuro de la justicia social depende de nuestra capacidad para imaginar un mundo diferente. Un mundo donde la opresión, la discriminación y la exclusión sean cosas del pasado, y donde todos, sin importar su raza, género, clase o cualquier otra diferencia, puedan vivir con dignidad, libertad y respeto. Es un futuro que podemos construir, pero solo si estamos dispuestos a luchar por él, juntos.

Vivimos en un mundo que, aunque interconectado de manera sin precedentes, sigue siendo marcado por profundas divisiones. Estas divisiones no solo se ven en las fronteras geográficas, sino también en las fronteras invisibles de las jerarquías sociales, raciales, económicas y culturales. A menudo, esas fronteras nos impiden vernos a nosotros mismos como parte de una humanidad común, una humanidad que está interdependiente, que depende de la colaboración, la solidaridad y el reconocimiento mutuo para avanzar. En un contexto globalizado, es fundamental reconocer que nuestra lucha por la justicia, la igualdad y la dignidad no es solo una lucha local o nacional, sino una lucha global, una lucha compartida por todas las personas que se enfrentan a las opresiones y las jerarquías invisibles que aún existen.

La interdependencia de nuestra humanidad es más evidente que nunca. En un mundo globalizado, los problemas de un país no se limitan a sus fronteras. El cambio climático, la migración, las crisis económicas, las pandemias y las injusticias sociales son fenómenos que afectan a todos los seres humanos, independientemente de su origen, color de piel, religión o clase social. Sin embargo, la manera en que estos problemas son enfrentados varía considerablemente según las estructuras de poder que existen en diferentes partes del mundo. Mientras que algunos disfrutan de privilegios y acceso a recursos, otros se ven relegados a la pobreza, la violencia y la exclusión.

Es fácil caer en la trampa de pensar que nuestras luchas son separadas, que lo que ocurre en una parte del mundo no tiene impacto en el resto. Pero la realidad es que todos estamos conectados, de maneras que a menudo no vemos ni entendemos completamente. La opresión de un pueblo, la discriminación hacia una minoría o la violencia hacia un grupo marginal, es un reflejo de una humanidad rota, de un sistema global que sigue perpetuando desigualdades. Y mientras algunos disfrutan de las riquezas y los beneficios de este sistema, otros luchan por su supervivencia, por sus de

Es en este contexto que surge el llamado a la solidaridad global. La solidaridad no es solo un acto de compasión, sino una forma de reconocer que las luchas de otros son nuestras luchas, que la injusticia que enfrentan otros también nos afecta a nosotros. Es un llamado a no permanecer indiferentes ante el sufrimiento ajeno, a no permitir que las fronteras físicas o ideológicas nos separen de nuestra humanidad común. La solidaridad global implica entender que los problemas que enfrentamos no son aislados ni locales, sino que están profundamente interconectados.

En este sentido, la solidaridad global también implica un reconocimiento de nuestra interdependencia. Vivimos en un mundo en el que nuestras acciones, decisiones y comportamientos tienen consecuencias globales. El consumismo desenfrenado en los países más ricos tiene un impacto directo en las comunidades más pobres y vulnerables del mundo. La explotación de los recursos naturales en una parte del mundo afecta a la salud y el bienestar de las personas en otras partes. La injusticia social y económica en un país tiene un impacto en la estabilidad global. Y, en un nivel más profundo, la falta de empatía y de reconocimiento de nuestra humanidad común perpetúa un ciclo de sufrimiento que afecta a todos, aunque de diferentes maneras.

La solidaridad global requiere un cambio en la forma en que vemos a los demás. En lugar de ver a las personas como "otros", como aquellos que están separados de nosotros por barreras culturales, políticas o sociales, debemos verlos como parte de nuestra familia humana. Este cambio de perspectiva es fundamental para construir un mundo más justo y equitativo. Necesitamos aprender a vernos a nosotros mismos en los demás, a reconocer que su sufrimiento es nuestro sufrimiento, y que sus luchas son nuestras luchas.

El papel de la empatía y la comprensión mutua

La empatía juega un papel crucial en la construcción de una solidaridad global genuina. La empatía no es solo la capacidad de sentir lo que otros sienten, sino también la disposición a actuar en consecuencia. No basta con reconocer el sufrimiento de los demás; debemos estar dispuestos a actuar para aliviar ese sufrimiento, para cambiar las estructuras que perpetúan la desigualdad y la opresión. La empatía nos invita a salir de nuestra zona de confort, a cuestionar nuestras propias creencias y privilegios, y a comprometernos con la causa de la justicia global.

La comprensión mutua es otro componente esencial de la solidaridad global. Necesitamos aprender a escuchar las historias de aquellos que han sido oprimidos, excluidos y marginados, y reconocer que sus experiencias son válidas. La comprensión mutua implica ir más allá de los estereotipos y las percepciones superficiales, y adentrarse en las realidades complejas y diversas de los demás. Solo cuando somos capaces de entender las experiencias de los demás, podemos comenzar a construir un mundo basado en la justicia y la igualdad.

La lucha por la justicia global es una lucha que nos involucra a todos. No es una lucha que solo pertenece a aquellos que están directamente afectados por la opresión, sino que es una lucha que nos pertenece a todos como seres humanos. La injusticia en cualquier parte del mundo es una amenaza para la justicia en todas partes. Si permitimos que las jerarquías invisibles de poder y privilegio continúen, si aceptamos la opresión de los más vulnerables como algo normal, entonces estamos perpetuando un sistema que nos deshumaniza a todos.

Por otro lado, si nos unimos en solidaridad, si trabajamos juntos para desafiar las estructuras de poder que perpetúan la desigualdad, si luchamos por la dignidad de todas las personas, entonces podemos construir un mundo más justo, más equitativo y más humano. La lucha por la justicia global no es solo una lucha por los derechos de los oprimidos, sino una lucha por la humanidad misma. Al final, solo cuando reconocemos nuestra interdependencia y nos comprometemos con la solidaridad global, podemos realmente avanzar hacia un futuro más justo para todos.

"Detente un momento y reflexiona: ¿Qué prejuicios has detectado en tu entorno? ¿Cómo los has enfrentado? Estas preguntas no buscan culpabilizar, sino invitarte a mirar más profundamente dentro de ti mismo.

Escribe una carta a alguien de una comunidad diferente, reflexionando sobre lo que crees que pueden haber experimentado. ¿Cómo crees que su vida diaria difiere de la tuya? Diseña una acción en tu comunidad, por pequeña que sea, que promueva la igualdad:

organizar un taller, crear un espacio de diálogo o simplemente educar a otros sobre estas injusticias.

El cambio no requiere gestos grandiosos. Acciones pequeñas, multiplicadas por millones, pueden cambiar el mundo. Comienza hoy: reflexiona, escribe, actúa."

Capítulo 21: La educación como herramienta de transformación

La educación es una de las herramientas más poderosas que tenemos para transformar la sociedad. Desde tiempos inmemoriales, ha sido un medio para la transmisión de conocimiento, pero también ha sido utilizada para perpetuar sistemas de poder, control y exclusión. Sin embargo, si se utiliza correctamente, la educación puede ser el medio para desmantelar las jerarquías sociales y fomentar la igualdad. En un mundo marcado por divisiones profundas, donde las castas y las clases sociales continúan determinando el destino de millones, el sistema educativo tiene el potencial de ser un motor de cambio y justicia social.

El sistema educativo ha sido históricamente una herramienta de perpetuación de la opresión. En muchas culturas, la educación ha sido utilizada para reforzar las jerarquías existentes, transmitiendo las ideologías y los valores que sostienen las estructuras de poder. Durante siglos, las clases dominantes han tenido acceso a una educación de calidad, mientras que las clases oprimidas han sido excluidas de los mismos beneficios. La historia está llena de ejemplos de cómo el sistema educativo ha sido utilizado para mantener el statu quo: desde la segregación racial en Estados Unidos hasta el sistema de castas en la India, la educación ha jugado un papel fundamental en la reproducción de las divisiones sociales.

Sin embargo, la educación también tiene el poder de cuestionar estas estructuras y de ofrecer una alternativa. La clave está en cómo se enseña y qué se enseña. Si el sistema educativo se convierte en un espacio para el cuestionamiento, la reflexión crítica y la empatía, puede ser una herramienta fundamental para la transformación social. La educación puede ayudar a las personas a entender las estructuras de poder que les oprimen, a cuestionar los prejuicios y estereotipos que perpetúan las divisiones, y a reconocer la humanidad común que nos une a todos.

La educación como medio para desmantelar las jerarquías. Para que la educación sea un verdadero motor de cambio, debe ir más allá de la transmisión de conocimientos académicos. Debe ser una educación que forme personas críticas, conscientes de su entorno y de su responsabilidad en la construcción de un mundo más justo. Esto implica enseñar a los estudiantes no solo los hechos, sino también las historias que han sido silenciadas o distorsionadas, las voces de los oprimidos, las luchas por la libertad y la igualdad que han sido olvidadas. Es necesario ofrecer una visión más amplia de la historia, una historia que no esté escrita solo desde la perspectiva de los vencedores, sino que incluya a todos los pueblos y comunidades que han sido excluidos de los relatos oficiales.

El sistema educativo también debe desafiar los prejuicios y estereotipos que existen en la sociedad. En lugar de reforzar las diferencias entre grupos sociales, debe fomentar la empatía y el entendimiento mutuo. Esto se puede lograr a través de la inclusión de diferentes perspectivas culturales, históricas y sociales en el currículo, y promoviendo el respeto por la diversidad. La educación debe enseñar a los estudiantes a ver más allá de las etiquetas sociales, a reconocer que todos los seres humanos comparten una dignidad común, independientemente de su origen, color de piel o clase social. La igualdad de acceso a la educación

Una de las formas más efectivas de utilizar la educación para desmantelar las divisiones es garantizar que todas las personas, sin importar su origen o condición social, tengan acceso a una educación de calidad. El acceso a la educación es un derecho fundamental, pero en muchas partes del mundo, este derecho sigue siendo negado a millones de personas, especialmente a aquellos que pertenecen a grupos marginalizados. Las niñas, las personas de color, los pueblos indígenas y las comunidades empobrecidas son algunas de las más afectadas por la falta de acceso a una educación de calidad. Para cambiar esta realidad, es necesario implementar políticas educativas que garanticen que todos los niños y jóvenes tengan las mismas oportunidades de acceder a una educación. Esto implica no solo mejorar la infraestructura educativa, sino también garantizar que el contenido de la educación sea inclusivo y represente las realidades de todas las comunidades. La igualdad de acceso a la educación no solo es una cuestión de justicia, sino también de sostenibilidad. Una sociedad que no educa a todos sus miembros está condenada a perpetuar las desigualdades, mientras que una sociedad que invierte en la educación de todos tiene el potencial de generar una transformación profunda y duradera.

La educación como herramienta de empoderamiento

La educación también es un medio para empoderar a las personas. A través del conocimiento, las personas pueden tomar el control de sus vidas, cuestionar las estructuras de poder que las oprimen y luchar por sus derechos. El empoderamiento educativo no se trata solo de adquirir habilidades y conocimientos técnicos, sino también de desarrollar una conciencia crítica y una comprensión profunda de las injusticias sociales que existen en el mundo. Es necesario que las personas aprendan a identificar las estructuras de poder que perpetúan las desigualdades, a reconocer las formas sutiles de discriminación y exclusión, y a luchar contra ellas. Además, la educación puede ser una herramienta poderosa para promover la igualdad de género. Las mujeres y las niñas han sido históricamente excluidas de muchos sistemas educativos, y aunque ha habido avances en los últimos años, sigue existiendo una gran disparidad en el acceso a la educación entre hombres y mujeres, especialmente en las zonas rurales y empobrecidas. La educación de las mujeres es una de las formas más efectivas de combatir la pobreza y la desigualdad, ya que empodera a las mujeres para que puedan tomar decisiones informadas sobre su vida y su futuro. Para que la educación cumpla su función transformadora, debe ser parte de un cambio más amplio en la mentalidad colectiva. Debemos cambiar nuestra forma de ver a los demás, nuestra forma de entender el mundo y nuestras creencias sobre lo que es justo y lo que no lo es. Esto implica no solo cambiar el sistema educativo en sí, sino también cambiar las actitudes y los valores que prevalecen en la sociedad. La educación debe ser vista como un proceso continuo, no solo como una fase de la vida que termina cuando se obtiene un diploma, sino como una herramienta permanente para el aprendizaje y la reflexión crítica.

"En una noche fría de diciembre, Rosa Parks decidió no ceder su asiento en un autobús segregado. Ese acto sencillo, pero valiente, encendió una llama que iluminaría las injusticias del sistema de castas en Estados Unidos. Pero el impacto de su resistencia va más allá de lo simbólico. Los datos son claros: las políticas segregacionistas de la época afectaron a generaciones, privándolas de acceso a educación, empleo y dignidad. Sin embargo, actos como el de Parks muestran que incluso los sistemas más arraigados pueden ser desafiados. El equilibrio entre emoción y análisis es crucial para comprender estos sistemas. La historia de Parks conmueve porque pone un rostro humano a una lucha titánica. Pero también necesitamos los datos, los hechos que respaldan esa narrativa, para entender plenamente el alcance de estas injusticias.

Capítulo 22 Reescribiendo el futuro. Nuevas narrativas para una nueva era

Vivimos en un mundo donde las estructuras de poder, las jerarquías y las divisiones siguen marcando nuestras vidas, aunque de una manera más sutil. Las castas, aunque menos visibles que en el pasado, continúan influyendo en las decisiones que tomamos, en las oportunidades que tenemos y en la forma en que nos relacionamos con los demás. Pero lo que se necesita ahora es una revolución silenciosa, una que no se dé en las calles con pancartas y gritos, sino en las mentes de todos aquellos que entienden que el futuro puede ser diferente. Este futuro no puede estar marcado por las mismas divisiones que han existido durante siglos. Un futuro sin castas, sin jerarquías, sin divisiones.

Es hora de imaginar un futuro donde el concepto de "superioridad" y "subordinación" ya no tengan lugar. Un futuro donde la humanidad se vea a sí misma como una, sin importar el color de la piel, la clase social, el origen geográfico o la religión. La humanidad ha demostrado una y otra vez que es capaz de superar sus peores instintos. Hemos vencido epidemias, hemos puesto un hombre en la luna, hemos superado dictaduras y regímenes opresivos, pero todavía nos enfrentamos a la sombra de una división invisible que nos aleja los unos de los otros.

Este futuro, aunque utópico para algunos, no está fuera de nuestro alcance. El primer paso es entender que las narrativas que nos han sido impuestas no son la única manera de ver el mundo. Hemos sido enseñados a aceptar un orden social que se basa en la división, en el enfrentamiento entre "nosotros" y "ellos". Desde el sistema de castas en la India hasta la segregación racial en Estados Unidos, pasando por las clases sociales en América Latina, las narrativas dominantes han justificado la opresión de muchos para el beneficio de unos pocos. Estas narrativas han sido tejidas con hilos de racismo, clasismo, sexismo y xenofobia, y han sido tan eficaces que incluso aquellos que son víctimas de estas estructuras las internalizan y las perpetúan.

Pero el poder de una narrativa está en su capacidad de ser reescrita. Y esa es la clave para un futuro diferente. Si las narrativas del pasado han construido un mundo dividido, las narrativas del futuro pueden construir uno unido. La narrativa del futuro debe ser una en la que todas las personas, independientemente de su origen o estatus, tengan el mismo valor y las mismas oportunidades. Una narrativa que vea la diversidad como una fortaleza, no como una amenaza. Una narrativa que celebre la humanidad común, la interconexión que nos une a todos.

Para crear estas nuevas narrativas, es esencial que cada uno de nosotros examine los relatos que hemos internalizado. ¿De dónde provienen nuestras creencias sobre las diferencias entre las personas? ¿Cómo nos afectan las historias que nos han contado sobre las clases sociales, las razas, las religiones y los géneros? El proceso de reescribir el futuro comienza con un examen profundo de estas narrativas. Necesitamos cuestionar los mitos que hemos heredado, los relatos que nos han enseñado a ver a los demás como inferiores o como "otros". Y, en lugar de seguir reproduciendo estas historias, debemos crear nuevas.

El futuro debe ser una narrativa en la que la empatía, la solidaridad y el entendimiento mutuo sean los principios rectores. Imagina un mundo en el que no haya necesidad de explicar la "diferencia" porque no existe tal cosa. Imagina una sociedad en la que no haya necesidad de justificar por qué alguien debe ser tratado con dignidad y respeto, porque eso será un hecho asumido por todos. Este futuro es posible, pero solo si comenzamos a reescribir las historias que contamos a nosotros mismos y a los demás.

Esto implica una transformación en la forma en que nos educamos, en la forma en que nos comunicamos, en la forma en que vemos a los demás. Debemos enseñar a las generaciones futuras a ver el valor en la diversidad, a reconocer que la riqueza de la humanidad no radica en las similitudes, sino en las diferencias. Y, sobre todo, debemos enseñarles a ver a todos como iguales, independientemente de las etiquetas que la sociedad haya colocado sobre ellos.

La reescritura del futuro también implica cuestionar las estructuras de poder que han mantenido las jerarquías. Las instituciones, desde el sistema educativo hasta el sistema judicial, deben ser repensadas y reconstruidas de tal manera que no reproduzcan las desigualdades del pasado. Necesitamos sistemas que no solo promuevan la igualdad de oportunidades, sino que también trabajen activamente para eliminar las barreras que han sido levantadas durante siglos. Esto significa que debemos abogar por políticas que eliminen la pobreza, que promuevan la igualdad de género, que garanticen la justicia social y que respeten los derechos de todas las personas, sin importar su origen o estatus.

Pero el cambio no solo depende de las instituciones. Cada uno de nosotros tiene un papel que jugar en la creación de un futuro sin castas. Debemos cuestionar nuestras propias actitudes y prejuicios, estar dispuestos a escuchar las experiencias de aquellos que han sido oprimidos y, lo más importante, actuar. El cambio real solo ocurre cuando nos unimos, cuando vemos las luchas de los demás como nuestras propias luchas, y cuando trabajamos juntos para crear un mundo más justo y equitativo.

Imagina un futuro en el que la palabra "casta" haya desaparecido del vocabulario humano, en el que la idea de "superioridad" y "subordinación" ya no tengan sentido. Imagina un mundo en el que todos los seres humanos, sin importar su origen, su color o su religión, puedan vivir con dignidad, respeto y oportunidades. Este es el futuro que podemos construir, pero solo si estamos dispuestos a reescribir la narrativa, a cambiar la historia que nos ha sido contada y a crear una nueva que nos una a todos en nuestra humanidad común.

Este es el desafío de nuestra era: reescribir el futuro. Un futuro sin castas, sin divisiones, sin jerarquías. Un futuro en el que todos los seres humanos sean tratados con igualdad, respeto y dignidad. Un futuro que no sea una utopía, sino una posibilidad real, si tenemos el coraje de imaginarlo y el compromiso de construirlo.

Capítulo 23: Conexiones Invisibles: Un Mundo Interrelacionado

Hay una conexión profunda entre nosotros: los afroamericanos, los dalits, los pueblos indígenas de todo el mundo, los palestinos, los roma, los buraku. Los marginados de África aún luchan por sus derechos, ya sea en Nigeria, Ghana o Senegal. Si miramos a América Latina, encontramos marginados dentro de la sociedad mexicana o brasileña.

Cuando pensamos en nuestras historias a través de la vulnerabilidad del amor, los símbolos de odio y las dietas de violencia pueden ser reemplazados por compasión, cuidado y solidaridad. Este es el mundo que debemos imaginar, no solo para nosotros mismos, sino también para aquellos que aún no han visto la belleza que los seres humanos tienen para ofrecer.

El Dr. Martin Luther King Jr., en su visita al sur de la India, vivió un momento revelador. Fue presentado por un director escolar como un "intocable" de los Estados Unidos. En ese instante, se sintió perplejo, incluso impactado. Su mente cruzó el océano y regresó a América, donde recordó las cicatrices de la segregación racial. Y en un momento de claridad, tuvo que admitir para sí mismo: "Soy un intocable."

La segregación no es solo un error social; es un mal moral, un pecado, porque estigmatiza a los segregados como intocables dentro de un sistema de castas. Esta revelación reforzó su convicción de que tenemos un mandato moral para trabajar incansablemente para desmantelar este sistema injusto y malvado.

Hoy, la pregunta persiste:

¿Cómo podemos trascender las divisiones que nos separan y construir un mundo basado en la justicia y el amor?

Capítulo 24 : El rol de la empatía en la justicia social

La empatía es uno de los pilares fundamentales en la construcción de un mundo más justo e inclusivo. A menudo, cuando hablamos de justicia social, nos enfocamos en la eliminación de las desigualdades económicas, políticas y sociales. Sin embargo, hay un aspecto igualmente crucial que subyace a todas estas luchas: la capacidad de entender y compartir los sentimientos de los demás. La empatía, en su esencia más profunda, no solo nos permite comprender el sufrimiento ajeno, sino también actuar en consecuencia para aliviarlo.

Vivimos en una era en la que las divisiones sociales son profundas. Las brechas de poder y privilegio, que se manifiestan en racismo, clasismo, sexismo y otras formas de discriminación, parecen más vastas que nunca. Las estructuras que perpetúan estas desigualdades son complejas y a menudo invisibles, lo que hace que muchas veces sea difícil para quienes no las sufren entender el impacto real que tienen en las vidas de las personas afectadas. Aquí es donde entra la empatía.

La empatía nos invita a mirar más allá de nuestras propias experiencias y a sumergirnos en las realidades de los demás. Nos obliga a ponernos en los zapatos de aquellos que enfrentan opresión, discriminación o exclusión, y nos desafía a reconocer que el sufrimiento de otro ser humano es, en última instancia, nuestro sufrimiento también. Sin empatía, las luchas por la justicia social pueden convertirse en causas abstractas o distantes. Pero con empatía, estas luchas se vuelven personales, porque nos damos cuenta de que las injusticias que enfrentan otros son una amenaza para la dignidad y el bienestar de toda la humanidad.

En el contexto de la justicia social, la empatía no solo se trata de sentir compasión por las personas que están marginadas o desaventajadas. Es un llamado a la acción. Nos desafía a no quedarnos de brazos cruzados mientras otros sufren, sino a movilizarnos para cambiar las estructuras que permiten que ese sufrimiento continúe. La empatía activa nos impulsa a ser aliados, a apoyar movimientos sociales y a abogar por políticas que promuevan la equidad y la inclusión.

Una sociedad empática es una sociedad que no se limita a ver a los demás a través de la lente de sus diferencias, sino que reconoce y celebra esas diferencias como una parte integral de la humanidad. Cuando practicamos la empatía, no solo cambiamos la forma en que vemos a los demás, sino también cómo nos relacionamos con ellos. Esto puede transformar no solo nuestras interacciones cotidianas, sino también las políticas y estructuras que rigen nuestras vidas.

Desarrollar empatía también significa estar dispuestos a cuestionar nuestras propias creencias y prejuicios. En muchos casos, la empatía exige un esfuerzo consciente para superar las barreras que nos separan, como los estereotipos, los miedos o las ideas preconcebidas que tenemos sobre los demás. Para lograr una verdadera justicia social, necesitamos cuestionar las narrativas que nos han sido impuestas, esas que nos dicen que algunas personas son más valiosas que otras debido a su raza, su clase social o su género. La empatía nos desafía a reescribir esas narrativas y a ver a cada persona como un ser humano digno de respeto y derechos. Además, la empatía es clave para la reconciliación. En sociedades profundamente divididas por el racismo, el colonialismo o la desigualdad de clase, el camino hacia la sanación comienza con la empatía. A través de la empatía, podemos empezar a comprender las heridas históricas que siguen afectando a las comunidades marginadas y trabajar juntos para sanar esas heridas. La empatía nos permite ver el dolor de las generaciones pasadas y reconocer que, aunque no podamos cambiar el pasado, podemos influir en el futuro de manera significativa.

Para que la empatía se convierta en un motor de justicia social, debe ser cultivada en todos los niveles de la sociedad, desde la educación hasta la política. Necesitamos enseñar a las futuras generaciones a ser empáticas, a no solo reconocer las emociones de los demás, sino a actuar en consecuencia. La empatía debe convertirse en una habilidad que se valore tanto como cualquier otra, y debe ser incorporada en la toma de decisiones, en la resolución de conflictos y en la construcción de políticas públicas.

Al final, la empatía es lo que nos permite ver el mundo no solo como individuos, sino como una red interconectada de seres humanos. Es lo que nos hace darnos cuenta de que las injusticias que afectan a unos afectan a todos, y que la lucha por la equidad y la justicia es una lucha común. Solo cuando cultivemos una empatía genuina y profunda, podremos empezar a desmantelar las estructuras de opresión que han dominado nuestras sociedades durante siglos.

La justicia social no es solo un ideal abstracto, sino una necesidad urgente. Y esa necesidad comienza con cada uno de nosotros, en nuestra capacidad de sentir y actuar con empatía. Cuando nos vemos a nosotros mismos reflejados en el sufrimiento de los demás, cuando nos importan sus luchas como si fueran nuestras, entonces el cambio verdadero es posible. La empatía es la llave que puede abrir la puerta hacia un mundo más justo, más inclusivo y más humano para todos.

Capítulo 25 : El futuro de la justicia social: Un llamado a la acción

Al mirar hacia el futuro, nos enfrentamos a un desafío monumental. Las estructuras de poder que han definido las jerarquías sociales durante siglos siguen vivas, invisibles en muchos casos, pero profundamente enraizadas en nuestras instituciones, en nuestra cultura y en nuestra forma de interactuar. A pesar de los avances, la injusticia social persiste, se transforma y se adapta, pero no desaparece. Y si algo hemos aprendido en este recorrido es que no podemos permitirnos la inacción. La justicia social no es una cuestión que pueda esperar más. Es urgente. Es necesaria. Y es posible. El futuro de la justicia social depende de la acción colectiva. La historia nos ha enseñado que los cambios significativos no provienen de esfuerzos aislados, sino de movimientos masivos, de voces unidas que se alzan en solidaridad para desafiar lo establecido. La lucha por la igualdad no es solo una batalla por los derechos de unos pocos, sino por el bienestar de toda la humanidad. Es una lucha que nos involucra a todos, y cada uno de nosotros tiene un papel que desempeñar.

Es esencial que entendamos que la justicia social no se limita a cambiar las leyes o a lograr reformas superficiales. La justicia social es un compromiso profundo y duradero para cambiar las estructuras que perpetúan la opresión y la desigualdad. Y esto requiere algo más que discursos o promesas vacías: requiere acción, requiere sacrificio, y sobre todo, requiere un compromiso continuo con la equidad y la inclusión.

El primer paso es reconocer que todos somos responsables. La injusticia no es algo que le ocurre solo a unos pocos; nos afecta a todos, incluso si no somos conscientes de ello. La discriminación racial, la pobreza, la violencia de género, la exclusión social, son fenómenos interconectados que se alimentan mutuamente. No podemos pretender que las luchas de los demás no nos conciernen, porque el sufrimiento de cualquier ser humano es el sufrimiento de todos. Cada vez que permitimos que una injusticia pase desapercibida, estamos permitiendo que el ciclo continúe. Es hora de romper ese ciclo. Es hora de comprometernos con la justicia social de manera activa y constante.

La acción comienza con la educación. Debemos educarnos a nosotros mismos y a las futuras generaciones sobre las realidades del mundo que nos rodea. Debemos enseñar a ver más allá de las divisiones superficiales y reconocer la humanidad común que nos une. La educación es la base para desmantelar las jerarquías de castas y clases, para entender que el racismo, el clasismo, y todas las formas de discriminación no son naturales, sino construcciones sociales que podemos deconstruir. Pero la educación por sí sola no es suficiente. Necesitamos crear plataformas donde se puedan escuchar las voces de aquellos que han sido silenciados durante demasiado tiempo. Los movimientos de justicia social deben ser liderados por aquellos que han sido directamente afectados por la opresión. Debemos darles espacio para que sus historias sean escuchadas, para que sus experiencias se conviertan en el motor de un cambio real. La voz de los oprimidos debe ser el centro del cambio, porque solo ellos entienden verdaderamente las raíces del sufrimiento y las formas más efectivas de sanarlo.

El compromiso con la justicia social también requiere que cada uno de nosotros reflexione sobre nuestras propias acciones y actitudes. No podemos esperar que las instituciones cambien si nosotros mismos no estamos dispuestos a cuestionar nuestras creencias y comportamientos.

Es necesario mirar hacia adentro y preguntarnos: ¿En qué formas perpetuamos, aunque sea sin querer, las jerarquías y las divisiones? ¿Qué podemos hacer en nuestro día a día para ser más inclusivos, más justos, más empáticos? El cambio comienza con nosotros, y es nuestra responsabilidad colectiva garantizar que nuestras acciones reflejen el mundo que queremos construir. La justicia social no es solo una cuestión de eliminar las desigualdades económicas o políticas. Es también una cuestión de transformar la forma en que nos vemos unos a otros. La justicia social es, en última instancia, un acto de amor y de humanidad. Se trata de ver a los demás como iguales, de reconocer que todos merecemos dignidad, respeto y las mismas oportunidades para prosperar.

El futuro de la justicia social es posible, pero solo si nos comprometemos todos a construirlo. Este compromiso no es fácil ni rápido. Requiere trabajo, persistencia y la voluntad de enfrentar las dificultades. Pero también requiere esperanza. La esperanza de que, a través de la acción colectiva, podemos crear un mundo en el que la opresión no sea la norma, en el que las jerarquías de castas y clases sean reemplazadas por una sociedad que valore la igualdad y la solidaridad. Un mundo donde las personas no sean definidas por su raza, su clase social o su género, sino por su humanidad. Así que, el llamado a la acción es claro. Es hora de actuar. Es hora de unirnos, de movilizarnos, de exigir un cambio real. Porque la justicia social no es solo un derecho; es una necesidad urgente. Y solo juntos, como una humanidad interconectada, podremos construir el futuro que todos merecemos.

Este es nuestro momento. Es hora de reescribir la historia.

Capitulo 26: La Transformación Es Posible

Al concluir este viaje a través de las capas invisibles de las injusticias que nos rodean, es vital recordar que el propósito de este libro no es solo iluminar las estructuras de poder que perpetúan la desigualdad, sino también invitar a la reflexión profunda sobre nuestra capacidad colectiva para transformar esas estructuras. El conocimiento es el primer paso hacia el cambio, pero solo a través de la acción y la solidaridad podremos verdaderamente crear el mundo más justo que imaginamos.

Hemos hablado de las jerarquías que definen y limitan nuestras vidas: de cómo las castas, las razas, las clases y las identidades de género se entrelazan para formar una red de opresión que nos afecta a todos, aunque de diferentes maneras. Hemos explorado cómo estas divisiones no solo son el resultado de la historia, sino también de una narrativa que sigue siendo dominante en nuestras sociedades. Pero, más importante aún, hemos abordado la posibilidad de un futuro diferente, un futuro que depende de nuestra capacidad para desafiar esas narrativas, para cuestionar nuestras propias creencias y para actuar con valentía.

El camino hacia la justicia social no es un camino recto ni fácil. Es un camino lleno de contradicciones, desafíos y obstáculos. Pero es un camino que vale la pena recorrer. Cada paso que damos, cada pequeña victoria, es una afirmación de nuestra humanidad compartida y de nuestro compromiso con un mundo más equitativo. Y aunque el cambio puede parecer lento o incierto, no hay duda de que cada acción, por más pequeña que sea, tiene el poder de hacer una diferencia significativa.

Es importante entender que la justicia social no es un fin, sino un proceso continuo. Cada generación tiene la responsabilidad de avanzar un paso más hacia la igualdad, de construir sobre los logros de quienes lucharon antes que nosotros, y de dejar un legado de esperanza y acción para quienes vendrán después. La historia no está escrita en piedra;

está siendo escrita todos los días, a través de nuestras acciones, nuestras decisiones y nuestras relaciones.

A lo largo de este libro, hemos visto que el verdadero cambio comienza dentro de cada uno de nosotros. La transformación de nuestras sociedades depende de nuestra disposición a mirar más allá de nuestras diferencias y a reconocer nuestra interdependencia. Debemos ser conscientes de que, aunque nuestras luchas individuales pueden parecer distintas, todas están conectadas. La lucha por la justicia social es una lucha por la dignidad humana, por el reconocimiento de que todos merecemos vivir con igualdad, respeto y libertad.

Por último, quiero dejarles con una pregunta: ¿Qué tipo de mundo queremos construir? Un mundo dividido, donde las jerarquías y las divisiones sigan siendo la norma, o un mundo unido por los lazos de la solidaridad, la empatía y la justicia? La respuesta está en nuestras manos. No es un sueño inalcanzable, ni una utopía lejana. Es una realidad que podemos construir, pero solo si estamos dispuestos a trabajar por ella, cada día, con coraje y determinación.

Conclusión:

El sistema de castas, como hemos visto, es un entramado que ha sido tejido a lo largo de los siglos, y su impacto sigue resonando hoy. A lo largo de la historia, las personas han sido tratadas como objetos, despojadas de su dignidad, de su identidad, y de su humanidad. A través de la endogamia, la violencia y la deshumanización, se ha creado una estructura que separa a los seres humanos no solo físicamente, sino espiritualmente.

Sin embargo, la resistencia es también parte de esta historia. A lo largo de los siglos, aquellos que han sido oprimidos han encontrado formas de luchar, de resistir, de crear espacios para la dignidad y la justicia. Esta lucha no ha sido fácil, pero es un testimonio de la capacidad humana para desafiar las jerarquías y buscar un mundo más justo.

La pregunta que debemos hacernos ahora es: ¿cómo podemos cambiar esta realidad? ¿Cómo podemos romper las barreras que aún nos separan y crear un futuro donde la justicia social y la empatía prevalezcan? Este libro no solo busca entender el pasado, sino también inspirar el cambio en el presente y en el futuro. La lucha contra la opresión es una lucha constante, pero con educación, acción y un cambio en la narrativa, podemos construir un mundo más inclusivo y justo para todos. Un mundo sin castas, de hecho, liberaría a todos. Eliminaría las barreras que separan a las personas basadas en distinciones arbitrarias, permitiendo que los individuos vivan sin el peso de la jerarquía social y la discriminación. En un mundo así, el valor y la dignidad inherentes a cada persona serían reconocidos, y la libertad se definiría no solo por los derechos políticos, sino por la capacidad de vivir sin el temor de ser juzgado, oprimido o excluido debido al nacimiento, la apariencia o el estatus social de uno.

El impacto de tal transformación sería profundo: fomentaría la empatía, la conexión y la colaboración en todos los niveles de la sociedad, permitiendo que las personas prosperen juntas en lugar de estar limitadas por cadenas invisibles. El desmantelamiento de la casta permitiría a las personas alcanzar su potencial, formar relaciones significativas y crear un mundo donde la equidad y la justicia no sean ideales, sino realidades vividas. Esta visión de un mundo sin castas es un llamado a la acción: un recordatorio de que la lucha por la justicia es una lucha por la libertad para todos.

UN MENSAJE PERSONAL:

La tragedia del caste es que nos juzgan por cosas que no podemos cambiar: nuestros cuerpos, género, ascendencia, diferencias superficiales que no tienen nada que ver con lo que somos por dentro. Son estas marcas las que determinan nuestro lugar en la sociedad, sin importar nuestras habilidades, pensamientos o sueños. El objetivo de este trabajo no es resolver los problemas ancestrales que el caste ha impuesto a la humanidad, sino ser testigos de su presencia en nuestra vida cotidiana. Queremos arrojar luz sobre su historia, a pesar de las voces que la niegan, a pesar de aquellos que preferirían ocultarnos esta verdad.

Necesitamos saberlo. Ignorar el trauma no nos ayuda a escapar de él; enfrentarlo es lo que nos libera. Es como vivir en una casa antigua; quizás no quieras bajar al sótano después de una tormenta para ver los daños, pero ignorarlo es arriesgarse a que el deterioro continúe. Todos somos como propietarios de una propiedad que parece hermosa por fuera, pero construida sobre un terreno inestable. La gente dice: "Yo no tuve nada que ver con cómo comenzó todo esto. Yo nunca poseí esclavos. No maltraté a los intocables. No gaseé a los judíos". Y sí, no estábamos allí cuando se construyó el fundamento, pero aquí estamos, los actuales ocupantes de una casa con grietas en las paredes y un techo que necesita ser reemplazado. Los problemas no los creamos nosotros, pero ahora es nuestra responsabilidad enfrentarlos. Las grietas no se arreglarán solas, y cualquier deterioro adicional es nuestra responsabilidad. El caste no es simplemente odio. Es la huella de rutinas y expectativas, patrones de un orden social que ha estado en su lugar tanto tiempo que parece natural, aunque no lo es. El caste está en todas partes, pero es invisible.

Nadie puede evitar exponerse a su mensaje, y el mensaje es simple: un tipo de persona se considera más merecedora de libertad que otro. Libertad para amar a quien quiéras amar. Libertad para ir a donde quieras ir. Libertad para expresarte como desees. Libertad para resistir y luchar por tu derecho humano a hacerlo. El caste ha intentado definir nuestro valor, pero la verdad es que todos somos merecedores de las mismas libertades. La lucha contra el caste es la lucha por la libertad y dignidad universales.

"La justicia social no es solo una posibilidad. Es una necesidad. Y depende de nosotros hacerla realidad".

Silvio Dell'Oglio

© DEE GREEN HOUSE PRODUCTIONS 2024

Sagrada Familia

Peréz Zelédon

Costa Rica

sinadeda@gmail.com